旅行
都是愛與夢的分享

睚𣿬平寫給媽媽的13封世界情書

睚𣿬平 著

代序　寫在前面

幫媽媽寫信，澔平和母親的一千零一夜

小時候我最快樂的事就是幫媽媽寫信。

寫信的原因是為了我們家裡的一個祕密，那就是當一九四九年戰亂流離的時候，我的父母匆匆離開烽火連天的上海，輾轉來到台北，不得已把才出生不久的女兒暫託給我的外婆照顧。只是誰也沒想到，本來以為幾週或頂多幾個月就能返回家鄉，這一別卻整整四十年。直到媽媽在一九八三年七月二十一日過世，她們母女都因兩岸隔絕還是沒能見上一面。

記得我和哥哥把斷氣的媽媽一起抱上太平間的推床上，這才在她的枕頭下，看見一張兩歲女娃歪著頭、天真笑顏的泛黃相片。原來，媽媽一直都靠著這張相片歉疚地隔海思念著她的女兒，也就是我們在台灣出生的五個兄弟姊妹從未謀過面的同胞大姊。

從我還不滿六歲，開始學寫字以來，因生我難產罹患第三期關節炎而癱瘓的媽媽，就會把我叫到床邊，每個星期幫她寫一封信給上海的女兒，這一寫就寫了整整十八年。即使爸爸告訴她說，這些信，可能下放到崇明島的大姊根本就看不到；但是媽媽還是固執堅持著要我聽她口述，然後由我執筆，把她想說的話一字又一字、一句又一句清楚地寫下來。算一算，從我幼稚園到媽媽在我大學畢業那年過世，前後我竟然幫媽媽聽寫代筆寄出了上千封石沉大海的信。

當時，我細細聆聽媽媽講述她們母女，從懷孕生育到分隔兩岸，前後三十六年間的點滴心情，一一記錄下媽媽「想像」大姊十八歲讀書工作（開始寫信那一年），到成家生子為人妻母的三十六歲；還有前後總計十八個年頭裡，媽媽娓娓道來叮囑談天的生活瑣事。當時我是這麼快樂地幫媽媽寫信，因為我可是毫無替代的唯一人選，我也可以比其他同齡孩子更快提早學習認識好多好多生字；不過，現在回想起來，從小我竟然扮演一個橫跨十八年，生離死別的母女之間唯一牽繫線索的橋梁，教我如今思之又更加悲慟逾恆。

▲我的媽媽眭楊德娟女士。

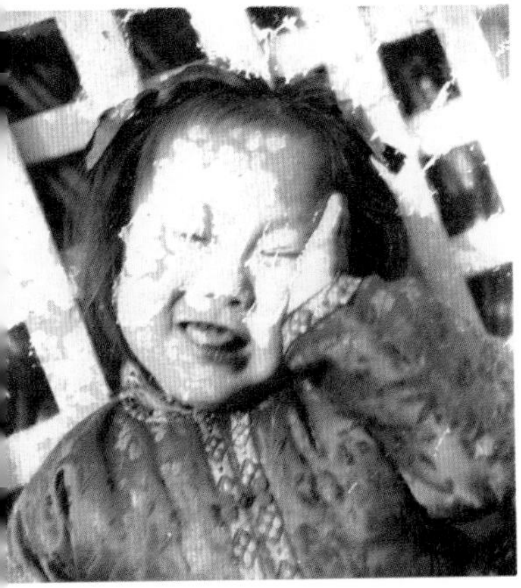

▲媽媽竟然靠著大姊這張泛黃汙漬的兩歲相片，隔著台灣海峽思念她至死都無法重逢的親人。

▲我和四位在台灣出生的兄姊，從小都知道但都沒見過我們的同胞手足大姊。

算算從媽媽過世到現在，剛巧又是另一個三十六年時光。從小我在她的病床邊陪伴，不論寫字、畫畫，還有一封封聽寫的書信，都在她的床前完成。

我原來就是媽媽的手。

當別的孩子放學都跑出去玩耍，只有我一個人是跑著回家的。

正因為我很小就發現自己不僅僅是媽媽的手，還是媽媽的腳，更是媽媽的眼；所以我總是迫不及待把她被病痛隔絕的那個外面世界，說唱給她聽、寫畫給她看。直到她過世後，我開始逐步走出世界，這三十六年來居然已經自助旅行拍攝記錄及田野調查完成了整個地球村兩百多個國家地區，特別是當今聯合國一百九十三個會員國的每一個國家，包含困難抵達的各種自然地理到生態文化上的獨特禁地。於是我想，何不從今天開始同樣在未來的十八年裡，每個星期再次為媽媽寫一封信，只不過這次不是聽她述說，而是聽我述說。我相信母親在天上會非常專注地聆聽，喜愛我為她所經歷、記錄、訴說的每一則深情的故事，每一則來自全世界心靈解碼的真情感動。

現在，就讓一切都回到母親離開的那一天，也讓我依然像小時候一樣，乖乖地坐在媽媽的病床前，講述枕邊故事給她聽；把我為了媽媽而用愛環遊世界，走遍地球村的五大洲、三大洋、南北極，所有幫她親身實地看到的那個她無法參與的外面世界，就好像阿拉伯奇幻的一千零一夜裡所經歷的那些人、那些事、那些地方、那些城市和村鎮部落、那些花草和萬物的故事，一個一個就這麼慢慢地、慢慢地用一封一封書信，說給她聽吧……

▲2003 年圓滿辦完父親的告別式，我們六個同胞兄弟姊妹首次團聚在台北松山寺，拍下這張今生目前為止唯一的一張到齊的大合照。

▲直到媽媽過世後六年，我才代替她在上海見到了同胞大姊，音樂家陳鋼見證了這一刻。

Leaving
YELLOWSTONE
NATIONAL
PARK

▲母親逝世後的三十六年裡，我繼續幫她看完了全世界。

目錄

寫在前面（代序）

幫媽媽寫信，湍平和母親的一千零一夜……02

01 悲歡小夜曲，彈奏一首母親曾教我的歌（七月台北）……10

02 敖包再相會，原來我在戈壁草原有個家（八月蒙古）……22

03 夜奔麥地納，睡吧我最親愛的寶貝孩子（四月阿拉伯）……40

04 尋夢撒哈拉，在我心裡永不墜落的太陽（三月西北非）……48

05 重回努比亞，上埃及路克索留白的美感（十月埃及）……68

06 北極影舞者，愛斯基摩夢幻的冰雪奇緣（六月格陵蘭）……84

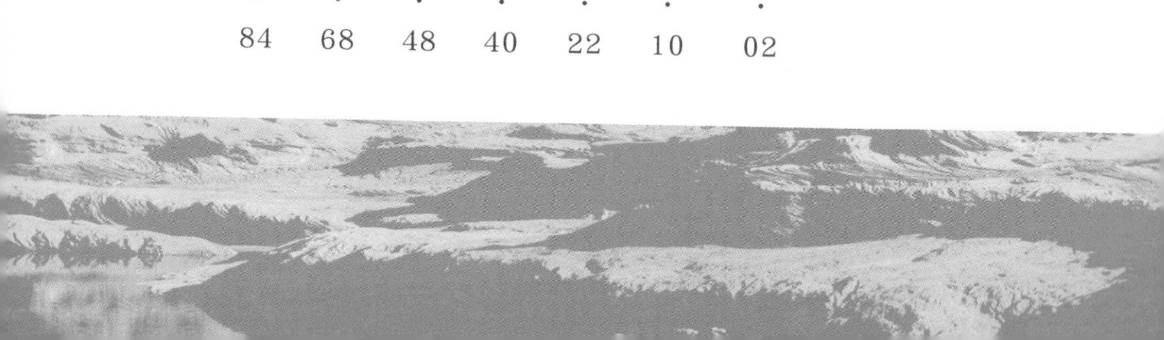

07 海豹找媽媽，滿天極光星星對著我們笑（二月北極）……… 98

08 南極演唱會，帝王企鵝陶醉在我歌聲裡（十二月南極）……… 108

09 戀愛亞馬遜，那群活不過四十歲的朋友（十一月巴西）…… 122

10 真情食人族，原始與文明的身心靈對話（九月新幾內亞）… 132

11 靈蛇救亡錄，西吉利亞的生與死一線間（一月斯里蘭卡）… 154

12 車輪和糖果，媽媽這次我差點又死掉了（五月東非）……… 174

13 星夜異鄉夢，秋冬春夏的英倫留學心情（四季英國）……… 182

後記　每封信的生活點滴都是愛與夢的分享……………… 230

01 七月台北

悲歡小夜曲，彈奏一首母親曾教我的歌

親愛的媽媽：

現在我正將右手指輕巧地按在主音階的鍵盤上，四個小節的序奏立刻排比出一列輕巧的八分音符，反覆迴響在這清冷的地下室裡。

為了彈奏這首D小調的小夜曲，我用腳把共鳴板踢到一側。小時候您在夜裡教我練琴的時候，總會這般提醒，以免琴音打擾到鄰居。但是，舒伯特小夜曲真是屬於夜的，此刻每一個音符都像一顆星辰，行進中的四三拍旋律正以中庸速度，流洩成萬古長夜裡獨醒的星河。它如此璀燦輝煌，纏繞著我當下悸動奔放的心靈。

從小我常常問您：

眾家星辰每晚懸掛在漆黑的天際，到底都在想些什麼？

難道星辰真的成為我鍵盤上的音符嗎？不必想什麼，只需要像現在襯著左手八度音串成的落花流水，流過琴鍵，然後重重撞擊在四周的牆壁上，斑駁撕裂出一種帶著心疼，卻無法名狀的美。

我小心翼翼地彈，就像是個初按琴鍵的孩子。

儘管這首曲子在「歌曲之王」舒伯特短短一生的創作中，是如此不起眼；儘管主題開啟後，分解合弦配上技藝點的呈現，對幼時的我確實困難了些。四歲開始學習鋼琴，二十年來，同樣的旋律一直迴旋在這經常被黑夜淹沒的地下室。過去在您癱瘓前大多由您的手在彈，現在則換上我這雙曾被您要求自己用細鉛筆受罰鞭過指背的手。

慘白的樂譜映入眼簾，濃黑有力的音符把它連結成四分音符為一拍，六個八分音符為三拍的工整格局。在熟悉的旋律中想起兒時的情景、兒時的您。我終於發現：曼妙的音符不僅會連結紙上樂譜線條的「空間」，也會連結一段又一段幾乎快被記憶遺忘的「時間」。

您在這過去跨二十四個年頭裡，一直癱瘓躺在一張無法動彈的床上，既像長夜，也像星辰；而我，幻變成了您的化身，在音符的推擁中繼續彈奏出一組又一組的旋律，盡情揮灑舒伯特這首少有裝飾音的曲調，將它迸發流轉出質樸又狂野的靈秀。而您呢？您依舊用兩隻星光如炬的眼睛，遙不可及卻又無所不在地透過黑夜注視著我。誰讓多年的臥病殘疾把您隔絕在地下室琴房之外，而您依舊可以從一樓病床上，清晰聽辨出我每回演奏裡的絲毫失誤。這一點對我、對您，不但既是夜鶯啼鳴的喜悅，也是寒鴉泣血的悲戚……迴盪著無以復加的折磨煎熬。

「怎麼又心不在焉呢？這樣下去的話，將來鋼琴怎麼學得好？」

您沒有接受別人「易子而教」的忠告，也因為家庭經濟拮据的因素，所以從小一直由您親自口述教導我，也經常在練琴時這樣訓斥著我。可惜的是……直到現在我怎麼還是如此心不在焉呢！尤其彈到這段「主題再現」的部分，我總是忽略「MF 次強音」的字樣，以至於升半音的音符顯得如此軟弱無力。可是，彈指間，我似乎總隱約聽到您重重的呼吸聲被咳喘打斷……這教我的旋律如何不隨著我們母子兩人顛簸的心情一同起伏……我不再想去相信任何陳腐的規範，對於這首原本是情歌的小夜曲而言，舒伯特自然有他詮釋失戀的心情，那是泰蕾莎和卡洛琳公主的拒絕，豈不反而造就了他音樂創作的心境嗎？但是，對於我這樣一名微不足道的彈奏演繹者而言，卻似乎始終是您在反覆鍛鍊造就著我彈奏揮灑音樂的心情。

旋律摻和各種複雜的情緒正在滾雪球，不一會兒就紛亂崩跌填滿整個老舊的地下室。我到底還能為您這位嚴苛又深愛我的母親做些什麼呢？彷彿只能盡情將幻化如夢蝶般的飄渺音符，鼓動翩翩飛起，悄悄傳到您的病榻前。流洩的既是萬古長夜中明亮獨醒的星河，也隱藏著些許纖柔心疼的美，疼的是您多年病痛癱瘓的煎熬，美的是您始終關愛無私的眼神。此刻的我忽然覺得彷彿又回到小時候，期待能像別的孩子跟著母親並排坐在高亮的黑椅上。我彈高音階，您彈低音階，把舒伯特流傳最早的《G大調四手聯彈幻想曲》演奏得天衣無縫。在兒時，這種充滿新奇的曲子，絕對比其他調性變化頻繁的樂章來得引人入勝、有趣得多。但是對於因颱風洪水難產癱瘓在床而不能端坐、不良於行的您來說，這也僅僅是我童年時期的幻想罷了。

時光倒退，來到我吵鬧又缺乏耐性的童年。躺在病床上的您，像是另一座身前的鋼琴簇擁著我，注視我的小手在厚紙板所畫的模擬琴鍵上，正按著每一個猶豫慌亂的指法。

「轉調！這裡應該轉調！為什麼每次彈到這裡又錯了呢？」

D小調要轉成B小調，十六分音符和複點各占四分之一拍，還不可以遺漏了前面的還原記號和後面的八分休止符。

難怪以往您會再三對這一段繁冗複雜的音符斥責我。除了我還記得D小調的第七個音階要降低以外，經常總將這原本浪漫的抒情歌曲，彈得像是震撼爆破又可歌可泣的殺戮戰場。

我是不是一個已經習慣在驚嚇中學習成長的孩子？

否則，為何在骨牌似的長夜一個接著一個傾倒流逝後，我仍然會在閃電般鳴奏點擊到同樣的音符時，被自己的心緒撩撥起同樣的惶恐。對了！就是眼前這一段，必須在急速翻動了譜頁之前，鋪陳出一線散漫又莊重的演奏，我卻每次都把音符擰成了您最愛的那件碎花旗袍上的紛亂圖案。

那是多久以前的事呢？從兒時我聽著您為我哼唱《小夜曲》入眠，到現在我彈奏您所教的《小夜曲》，伴您入眠；我們母子根本就是一對在鋼琴音階上接力賽跑的選手。您像教練焦躁地在前頭吶喊，我則拚命地在後面奔跑追趕。這架二手老鋼琴為我們母子鋪陳了一條奔騰不止的生命跑道，您我一共二十隻手指頭永遠在彼此競賽著……長長短短、高高低低、快快慢慢、輕輕重重、早早晚晚、朝朝暮暮。

掀開琴蓋就掀開記憶，藉琴音傳遞愛與感激

「媽！我為什麼要學鋼琴？住在附近的男孩子沒有一個在學呀！」

當鄰家的同學們廝野玩耍在廢河道上的蘆葦間，每到週末午後，我的腦海常常泛起一陣慘白，比在風中顫擺的蘆花飛絮還要白。我太渺小，渺小的飛絮無法用增強了共鳴板的鏗鏘琴音，掩蓋住那一份來自盛夏的慵懶閒適氣息，那是孩子們玩樂的喧嘩嬉鬧，也是蟬鳴喋喋不休的嘮叨侵擾，一陣又一陣向我襲來，一層又一層反覆如紛飛白雪，冰凍凝結於我兒時千篇一律的琴鍵上。終究抵擋不住，一如此際的我掩蓋不了另一種夜的氣息——那是您的呼吸，我的孤寂。

「彈吧！以後長大了你就會明白的。」您說。

我很喜歡舒伯特在慢板之後，編寫了這一段高音譜上階梯式的旋律。長大後的我，已經

有更寬厚而靈巧的手掌，可以足足穩架在八個鍵盤的首尾，扮演一個聰慧的魔術師，狠狠抓出木頭琴鍵裡那一隻隻冥頑不馴的音樂精靈，命令它們為我們母子日日夜夜歌詠吟誦著永不停歇的音律。

永不停歇。

許多「疑問」與「解答」就這樣永不停歇地在輪轉。

每次掀開琴蓋就掀開了記憶，手指撥弄的總是輪轉在一對母子間單調平凡的記憶。現在的我終於長大，不再追逐永不停歇的「疑問」與「解答」，而長大後的我真的應驗了您過去的回答，這才慢慢明瞭：自己的心裡對於學琴不但已經沒有絲毫的怨懟，反倒更加珍惜在您有生之年彈奏給您聽的每一次機會。每次彈琴時，我都偷偷地潛藏著一種奇幻意圖，想藉琴音向您表達無限的摯愛深情——特別是一些您我之間不易以言語詮釋溝通，或表達傾吐的愛與感激。尤其今天我能夠輕鬆駕馭音樂，還能因創作歌謠與製作唱片屢屢獲獎，如果不是那一份您在人生癱瘓病變的谷底，還能充滿光明諄諄口述，指導我學習音樂的勇氣，今天的我，將一無所有。

不管我是「為了想了解才長大」，還是「為了長大而更想了解」，我的生命彷彿終究還是迴旋轉動在舒伯特魔幻的琴音裡，為一個癱瘓的母親進行最後一次演奏。您不要怪我的思緒如此纖細敏感，在繁複龐雜音符裡長大的孩子，不可能只有單純的一面。

媽！您說對嗎？

「疑問」與「解答」既然都攪在音符裡永不停歇，我只有試著徜徉涵泳在這首舒伯特的小夜曲裡，將過去二十年的學琴功力，持續七彩編織於這首樂曲的後段，有如絲綢金縷鋪陳在柔順雅致的天幕上，任憑流星穿梭編織出排山倒海的千頭萬緒……

誰會猜想到就在《小夜曲》這一段最溫柔婉約的優雅高潮之處，舒伯特竟然匠心獨運大膽使用了「轉調」，營造出澎湃奔放的昂揚氣氛，簡直像提著染料桶往剛剛織好的純白布帛上，任意潑灑狂野鮮麗的豔彩。這一刻，我只要把雙手沉浸在旋律中隨之翩翩起舞，就即刻分享，甚至貪婪占有了舒伯特年輕俊逸的才情。我身前的琴鍵、琴鍵上的手指、手指尖的思緒，灼熱如滾滾浪濤般鋪天蓋地，盡把晃動在廢河道上雪白蘆花間撒野的頑童們，以及一個癱瘓的母親、一個孜孜練琴的我，全都給洋洋灑灑地奔騰翻攪，直到沒有任何晦澀記憶，還被殘留淹沒在漩渦底層的音符下……

當我繼續隨著樂曲轉折，按到琴鍵最輕盈的小節，我更意識到您確實仍在仔細聆聽著。原來音符才是不折不扣的魔術師，教我這個冥頑不馴的孩子，終於能吟誦出音樂世界裡遼闊寬容的悲憫。您睡得正安詳，而我此刻彈奏的就是安詳。今夜，您的雙眼即使微微閉著，也會有我的音符成為長夜中獨醒守護您的星光。您終於不必再費力撐著眼簾看我，像小時候教我學琴的模樣啊！從小有您盯著我彈奏出的每一個音符，即使身體癱瘓後，您仍堅持用口述方式細心指導，陪我熬過一首首單調的練習曲，這恐怕是連舒伯特也未能擁有過的幸福。

媽媽為我開啟一扇欣賞藝術的生命視窗

三十一年的壽命，給舒伯特永不停歇的音樂創作，也在這一首又一首放逐心情的旋律中，提供我們這群凡夫俗子兀自撥弄悲喜交集記憶的機會。我想對舒伯特說：「你才真的是魔術師！」

否則我不會在幾百年後還要肩負著舒伯特的陰影；就像舒伯特悄悄肩負著貝多芬的陰影，一樣的宿命呀！媽媽您說過，四歲的我聽到舒伯特《小夜曲》就不再哭鬧。這使您肯定了我的音感天賦，也決定了我學琴的命運。

彈奏到這裡，我總想問問舒伯特：是誰給了你創作和演繹的才情？又是誰將我們母子牽扯進你所預設的音樂命題裡呢？我們母子倆，今生誰也別想逃離這首旋律優美動人的格局，就在這台鋼琴的五十八個琴鍵裡，一個也無法超越。媽媽，我知道您從不曾要求被舒伯特釋放；但是病魔卻扮演了無情的差使，讓您在詛咒病魔時，卻忘了詛咒舒伯特這位在音樂創作領域裡一樣專制的「魔王」。至於舒伯特，你知道嗎？彈琴彈了半輩子的媽媽，忽然有一天發現儘管耳中旋律依然奔放、腦中仍躲藏著擱淺的音符，卻不能再任由音符從自己已經僵癱且扭曲變形的指尖上流洩，也不能再指導我彈奏，甚至連走向我那些飛揚在鋼琴鍵盤上的手指都成奢求；卻要日日夜夜反覆聆聽我彈奏著同樣的旋律音符……這是一種何其長久且永不停歇的痛苦與折磨啊！知道嗎？真的是，永不停歇。

我知道媽媽您終其一生不想讓音樂之於我，只當成是小學唱遊課堂上那種僵化且聊備一格的教育體制附屬品。您非常清楚，在現行學校制度下的美學教育，除非是專門的音樂美術特殊資優班，或是家庭有錢能私下重金延請名師指導栽培孩子，否則，大部分的學生都被丟在只為升學考試而鬆散教學的「美育放牛班」裡，連想培養基本藝術欣賞能力都尚且不易，更別說運用「樂器」或「彩筆」去詮釋、分享與表達，一如我們能夠輕鬆駕馭運用「話語」和「文字」去詮釋分享表達心靈的感懷，其實是完全一模一樣的。

您知道短短十分鐘的下課時間，值日生會從器材室把老舊的風琴像抬午餐便當筐一般抬進教室。五十八名同學會把音樂課本豎得高高的，大聲齊唱老掉牙的歌曲，來巡視的校長跟主任頻頻點頭表示滿意。只是對學生來說，聊備一格的音樂課風琴，永遠不及便當盒受歡迎；校長主任要看的永遠只是課堂上表面化的整齊秩序。母親就是堅決不容許懂音樂的自己有一個未得藝術馴化、冥頑不靈的「音樂放牛班」孩子，竟跟著其他學生那樣用死背的方式，應付每學期音樂課識譜清唱的樂理考試。

事實上，您也不要我變成「音樂資優班」裡的學生，僅僅擅於匠氣，應考獲得高分進入名校的莘莘學子，所以不送我進入體制內的專才教育，而是堅持自

▲世界像是五十八個琴鍵組合了我和媽媽相互接力的人生跑道。

己教，期許我能了解到唯有歷經孤獨煎熬的苦澀磨練，才得以品味藝術與體會人生。現在的我雖然永遠比不上舒伯特，也不是音樂家，卻在您當年的堅持下，為自己多開啟了一扇懂得欣賞藝術的生命視窗。

彈奏到這一刻，我已完全體會母親這二十多年的苦心，感動到熱淚盈眶……

永不停歇的悲歡小夜曲

如果說樂曲的開頭是試煉我切入主題的功力，那麼，樂曲的結尾便是對於一位演奏者鋪陳餘韻的考驗。我實在不必用兒時的驚嚇或此刻的情緒起伏束縛自己。但是，儘管現在這一

▲媽媽病前的全家福照片，上面有颱風淹水的汙漬，那時我還沒出生，悲歡小夜曲即將登場。

▲二十歲生日那天，我和姊姊扶起癱瘓二十年的母親，看到她因第三期關節炎嚴重扭曲變形的十根手指。

▲每段旅程都像舒伯特的一個音符，共同為母親演奏出一首四海一家的旋律。

段落的曲式節奏單純無比，我卻希望睡在病榻上的您，不會在我演奏到最後的部分，發現有任何一點點突兀出錯的音律，以免擾動您久病臥床的安詳寧靜。於是，我格外謹慎，繼續挑弄起最後那一群柔美到近乎輕荏無骨、羽化升天的音符，簡直像在鑲貼一片片欲飛的鴻毛，徜徉布局在其展翅翱翔前飄渺矜持又若即若離的款款深情。

尾奏裡舒伯特終究一以貫之揮灑出暢快自然的旋律，像一捆又一捆埃及法老的裹屍亞麻布，把我層層纏繞在他情緒禁錮的木乃伊裡，就如此把我亙古囚禁著。由前奏之後展開的「第一拍三連音」到現在的「合弦終止式」，這條音樂的生命小河，流洩穿越了歐羅巴宮廷的王公貴族到全球的平凡百姓家、也穿越時空超脫陰陽，遙控著每一個彈奏的人。當然，對於現在的您和我而言，只不過是歷經了一個又一個人世冷暖悲歡的黑夜，輪轉般縈繞著眼前這棟老宅的屋宇房舍。

我是如此輕易地隨著 cresc. 的符號漸強，收起方才低音部活潑的跳音，改以點擊更強而有力的指法。

瞬間，波光閃爍的音符全部一一點石成金，洪濤泛流成無邊無際的朗朗乾坤、滔滔汪洋。我開始更加體會聽懂了您曾對我說過的話：

「一位真正的音樂家必須以胸襟氣度作為曲勢技巧的後盾，才會創作演繹出超越東西古今、跨越陰陽時空的作品。」

所以，此刻的我終於了解：一個真正學習音樂的人，不必再斤斤計較自己的樂器好不好？

琴房在哪裡？教導啟蒙的名師又在哪裡？原來，悲歡交雜的人生其實早就因為舒伯特這段熟悉的音樂旋律，而被串連編織得毫無嫌隙；也永遠就像現在我坐在老厝的地下室彈奏的心情一樣平靜恬適，永不止歇。

我固執任性翻騰鞭笞著琴鍵，因為我確信媽媽您一直在聽著我的彈奏，一直聽到了現在，樂聲進行最後一個小節，佩帶上「延長記號的安定音」中完全靜止結束。

我輕輕闔上琴蓋，就像今天早上輕輕闔上了您的棺蓋一般，目送您在蓋下僵冷的身軀，如同鋼琴的木鍵由長變短逐漸消失眼前。紛亂又凝聚的光影舞動著空氣中懸浮的塵埃，它們也在我的十指間像音符般翻攪穿梭，由明到暗、由重到輕、由近到遠、由喜到悲……我竟然握不住一絲殘留的溫存。

還好舒伯特的《小夜曲》為您我延伸出一種不必再多言語的理解，也保有著一種不會因陰陽時空阻隔的感動。只要我隨時再次掀開琴蓋，彈起舒伯特這首《小夜曲》，我就立刻又回到了您與我心靈相契的世界。是的，不管誰是「魔術師」，這首屬於您和我，在人生反覆吟詠的「悲歡小夜曲」都將永不停歇。

永不停歇……

02 八月蒙古

敖包再相會，原來我在戈壁草原有個家

親愛的媽媽：

在您過世整整六年後的八月仲夏之日，我決定跑到一個在地理和歷史上都和我們熟習的環境有著很大差異的地方旅行，那就是沙漠。您知道我平常不太會喝酒，但是這一次卻酩酊大醉在一份沙漠戈壁溫暖的親情裡，直到現在還是把他們當成親人一樣放在心底，時時刻刻想念著。好奇妙哦！我跟他們一句話也不能溝通，更非親非故，但是他們怎麼會像媽媽您一樣愛我，甚至還代替您癱軟的雙手，緊緊擁抱了我。

媽媽您知道嗎？我真的再也沒有看過比這兒更平坦、更遼闊的地方了。藍得有層次的天，綠得有深淺的地，上下拼組成戈壁旁肥尾羊的故鄉。我乘著吉普車馳騁在蒙古大草原上，沿路有黑、有白、有棕色相間的牛羊低頭嚼食鑲著小粉圈的紅花。塞北的鮮花在夏天手牽著手鋪滿整片原野，一點也不怕被踐踏嚼食，因為沒有人群與羊群能夠從容走遍這遼闊大地上的每一個角落。

一夕的雨，滿夏的綠。

草兒真的是在蒼天的見證下一吋一吋生長，盡情攀附在這片土石乾旱的大地上。我忍不住被漠野景致吸引，一直拜託小車司機暫停行駛，好讓我下來摸一隻羊、看一朵花、撿一顆石頭……還好他很有耐性，又得知我如此深愛他的鄉土，於是他始終懷抱著相當振奮喜悅的情緒，一路更詳細為我做風土民情解說。這回我看到了肥尾羊群，又臨時要求下車，匆忙間來不及穿鞋子，一踩下去才發現戈壁灘上全是尖銳石粒，無法赤足站立，於是又跳回小車裡套上便鞋再衝下去，連襪子都沒穿。

我比羊更開心。

初會，一股說不出來的溫暖親切

在都市擁擠樓宇中長大的孩子，任誰看到這「風吹草低見牛羊」絕少塵囂的草原風情都會暢快開懷，彌補自己童年以來未曾享有過的感受。走著走著，我像匹脫韁野馬，自由自在闖到鄰近的牧區裡，渾然忘記小車還在遠處等著我呢！我卻已經追著羊群跑到了幾個蒙古包旁邊，看到一個正在擠羊奶的老媽媽，還有一位正把羊群趕圈集中的老爹爹。迎向他們的同時，我發自內心的快樂，把自己的臉笑成一朵草原上最燦爛的花，活像當年那個剛放學就一路跑著回家看媽媽的孩子。

可不是嗎？我這個冒失的不速之客讓他倆老頓時又驚又喜，猛盯著我瞧，還不時上下打量又交頭接耳、竊竊私語。爽快的老爹爹似乎意會到我野性方起，二話不說索性把手中的牧羊工具遞給我玩。那是我生平第一次見著的「趕羊韌皮叉」——它可是兩用的，一邊是抽晃指點羊群行進方向的短鞭，另一邊則是綁在握柄底端的四足鐵鉤刺，可藉以挑起整把豐美的牧草抛向空中，為羊咩咩搜尋鋪墊最可口的佳肴。不一會兒我又湊到老媽媽身邊，成了個淘氣撒嬌的毛孩子，賴著她教我如何用自己笨拙的雙手像她一樣擠出羊奶。她始終耐心示範，但我偏偏擠不出奶，好不容易抓到竅門，卻又意外斜噴了她滿頭滿臉。老媽媽竟然笑得合不攏嘴，一點兒也不生氣，口中的金牙在戈壁烈日下閃爍出和煦耀眼的光芒。

這對慈祥的老夫妻真是大好人，熱情好客地拉著我一起進到他們的蒙古包裡，還忙上忙下鋪起滿桌乾酪與奶茶真誠款待我，讓我覺得自己根本就像個不折不扣的野孩子——幼稚園放學到家，坐享父母伺候的小霸王。怎麼兒時癱瘓的您所無法幫我準備的課後點心，這名蒙古老媽媽卻不由分說全在草原上加倍奉還給了我呀！其實至今還是納悶，如我所說很難讓人相信，我們雙方根本就沒有一句共通語言，牧區裡的人只會說古老蒙語，會講點俄語的人比說漢語的人都多。偏偏那唯一能幫忙翻譯的可憐司機，正一路忙著追我又忙著停車，等他進來蒙古包看到我逗著老夫妻倆，三人笑得東倒西歪，反倒被我嚇了一大跳！趕緊偷偷過來問我：

「啊！你以前來過這裡？跟他們那麼熟哦！你什麼時候會說蒙古話啦？怎麼都沒告訴我咧！」

帳外風力發電機的輪葉嘎嘎作響，點綴這片洋溢風聲和笑聲的大地。即使現在早已到了盛夏，這片平坦空曠的高原依然朔風野大，沒有太陽的時候甚至會有一點寒意。我們喝茶、聊天、吃老媽媽的精緻點心：乳酪、奶豆腐、乳酪乾……看老爸爸的家傳寶貝：銀碗、哈達、翡翠碧玉、官帽朝珠……三個人總是笑得東倒西歪。

我從他們看我的眼神裡，怎麼一直讀到一股說不出來的溫暖親切？

我怕叨擾他們太久，於是跟司機使了個眼色，暗示我們該去趕路，驅車轉往牧區另一處綠洲點逛逛；因此，特別拜託司機用最禮貌正式的蒙古敬語代我向老爹爹、老媽媽致謝告別。沒想到他們跟小車師傅說：能不能留我們吃午餐，表情居然近乎拜託懇求；還一直說我跟他的兒子長得實在頗為相像……我聽了煞是高興，但是想想還有成陵、響沙灣、大戈壁灘……好些個地方要跑；只好忍痛向他們辭謝。顧不得老夫妻流露出些許靦腆失落的神情，我上前緊緊握握他們的手致意後，就順手拿起我的遮陽帽，轉頭向我僱的吉普車走去。

「汪！汪！汪！」

帳外什麼時候跑來了一隻黑毛大野狗，真是嚇我一大跳！可不兇兇地向我飛奔狂跳而來，原來牠是這對老夫婦在戈壁草原上所飼養最貼心的狗兒。聽到司機先上車發動引擎的聲音，令牠狂吠地更大聲。瞧！牠會跳起來，站立著挺拔的身軀湊向我驚悸的臉舔我，厚實飽滿的尾巴逆著風勢死命搖甩著，牠的嘴則趁我一不留神就輕巧地銜走了我手上的帽子，然後全速往牠家的蒙古包方向跑去。這下子可怎麼好呢？我才依依不捨地告別，一轉身又回去跟人家討帽子……

正當我決定折返，還來不及回頭，忽然感覺到肩頭和背脊被溫暖地披上了一件衣服——那是一件鑲著羊毛邊的蒙古大袍子。我一回頭，竟然是老夫婦拿來幫我穿上的，兩人還指著我的體型與袍子議論紛紛，不知道在討論些什麼？隆隆的引擎聲中，師傅也沒聽到，我又聽不懂。於是只有陪起笑臉，想著窩心的老牧民必定是怕我路上會冷，所以從蒙古包裡拿出一件他們家的舊衣服借我。我穿上這件略為嫌大了一號的袍子，樣子有點滑稽；但是不想讓老夫妻失望，於是拜託小車師傅跟他們說：「借給我，我回程的時候一定信守承諾把衣服還過來。」沒想到，他們竟然在幫我從黑狗的嘴裡搶回帽子的同時，兩雙真誠的眼睛透過司機告訴我：

「等你回來喝老酒、吃晚飯！將來我們還會做一件更合身的袍子給你。」

「汪！汪！汪！」

吉普車啟程，遠遠望見那隻大黑狗，竟然還瘋狂地追著我們的車子跑了好長一段路啊！剎那間，狗吠聲劃破寂靜的大戈壁，好像喚醒草原上每朵夏日短命的花兒，它們紛紛撐開複瓣耳朵，傾聽著我們的心跳。這是什麼樣奇妙的情誼啊？我們素昧平生、萍水相逢，為什麼老夫妻願意這樣信任我，給我吃又給我穿，難道不怕我把他們珍貴的民族服裝拐跑了，不還給他們？低頭看到我那頂路邊攤廉價的遮陽帽，帽檐還留著大黑狗紋理有致的長圓形齒痕，大黑狗閃動著牠那雙明亮慧黠的淺棕色眸子，就像一對精靈的眼睛盯著我的心，彷彿重複地對我說：

「你一定要回來……」

小車司機這才一面開車趕路，一面娓娓道來這隻大黑狗的故事：

牠年輕俊逸的主人，也就是老夫婦的獨生子，正是一名遠近皆知的角力好手，每年七月那達慕草原的盛會上他都是摔角冠軍；至於騎馬、射箭、趕羊、放牛、搬柴、引水、拆搭搬運蒙古包、修理發電機、率領駱駝商隊橫渡南戈壁……所有草原上的粗工細活他都拿手。本來上次遠近牧民敖包祭祖的聚會時，已經幫他找好了一門親家，甜美賢淑的媳婦該在上個月就進門的吧！不料，他卻意外凍死在一場四個月前的大風雪裡……聽到這裡，我的心情瞬間天崩地裂，眼眶也濕了一大圈；至此我完全了解剛才那一連串事情的發生原委了。

牠寂寞，牠思念主人。

▲我像個戈壁草原上，拿著趕羊韌皮叉的淘氣野孩子，走入蒙古老夫婦悲慟的故事裡。

▲蒙古大黑狗高高的站起來，銜走了我的帽子，不想讓我走。

難怪大黑狗咬走我的帽子卻不時回頭，好像希望我的車會像牠主人的駿馬，閃出嘶吼的引擎聲衝去狠狠地揍牠；好把我們全都一起帶回蒙古包裡，關起大門，鎖得牢牢的，誰也不要走。不要走就是不要走。牠情願看到酩酊大醉的主人醉臥在自家蒙古包裡，即使睡上三天三夜，什麼東西都不餵牠吃也沒關係。只要，可別是……醉了墜馬跌臥在返家途中白茫淒冷的雪地上就好。夜會冰封掩埋一切，也永遠帶走了牠一去不回的主人。

至於方才待我如至親的蒙胞老夫婦，原來才經歷過這麼一場人生終極悲哀的白髮送黑髮的喪子之慟，卻還能這樣真誠地善待一名陌生人如我，教我回想起來簡直扼腕又椎心。我恨自己沒有早先知道他們不幸的遭遇和心情處境，不然我絕對願意，也應該可以當個一天更體貼、更聰明的孩子，任他們差遣驅使。反倒是，從邂逅那一瞬間開始，我盡像個失智的二愣子，在他們老夫婦面前，什麼剪羊毛、擠羊奶、趕羊群、騎短腿馬、牽雙峰駱駝……壓根什麼活兒全都不會，在這大草原上沒有一點點比得上他們角力騎射冠軍的愛子；連穿上他們已故兒郎的長袍，都還顯得過於瘦小單薄，實在讓我對自己失望透頂了。難道我只有一張略為神似的臉，就讓他們願意把對獨子的萬千思念關愛分出一些給我嗎？

或許，他們今晨醒來，真的曾經意外驚喜地發現：那一夜在外面與朋友飲酒，喝醉後騎馬回家，睡著了不慎跌下馬而凍死在漆黑寒夜裡的寶貝兒子，終於在今天一大清早突然間回來了，不像那晚只有識途老馬孤獨回到家。如果我早知道他們獨子的悲劇，一定不會拒絕他們要我留下來吃午飯的懇求，害得我現在一路看到的名勝古蹟、風土民情全都索然無味，心裡只是記掛著蒙古包裡的老夫妻，還有那隻忠心耿耿等待主人平安返家的大黑狗。對了！我們彼此有一個承諾：我要把蒙古長袍還給他們，而他們說好今晚要請我喝酒吃飯……

摸摸身上的大袍子，細緻捲曲的羊毛沿著領口密密縫著衣襟滾邊露出來，襯托著典雅鵝黃的綢緞織錦，我完全可以想像這衣服原來的主人穿上它，該是一位何其英俊挺拔、帥氣迷人的塞北漢子。可惜現在落在我身上的袍子，一路上只能變成一個不斷提醒我「趕快回家」的精靈，反覆叮嚀我：老爸爸、老媽媽還在蒙古包裡等著，而你，你……

「你一定要回來……」

二會，唱一曲〈敖包相會〉

匆匆結束行程，我們箭也似地趕回老夫婦的蒙古包。高原上平野遼闊，一望無際，遠看濃濃的炊煙從蒙古包頂端升起，牛羊都趕回圍欄裡。大黑狗則早就矯健奔到我們的車邊一面跑、一面吠。下了車，牠立刻站起來衝跳到我的身上，舔得我滿嘴滿鼻都是牠的口水，尾巴更是急速閃動搖晃，好像快要斷了。我跑去擁抱老爸爸、老媽媽——現在他們一個在烤肉、一個在剪羊毛，我又調皮地玩起戈壁裡每一件新鮮事物，樂此不疲。他們依然笑得合不攏嘴、東倒西歪。

蒙古小刀皮鞘上插著一對獸骨磨成的筷子，他們教我先用利刃切肉，再用筷子夾著進食，圓圓矮矮的餐桌上，展現出游牧民族的豪邁與柔情。薄薄的綿羊肉紅白紅白貼燙在涮鍋上，聲響嗶嗶剝剝，撩動著每一個圍爐者的心弦。老爸爸拉起了馬頭琴，低沉的旋律對比起草原高亢的長歌和呼麥（一種典型運用泛音的歌唱方式），那可真如九轉幽谷低飛掠過心頭的黃鸝鳥，叫喚出人與人之間所有真情感動的悲憫。

我們確實都信守彼此無聲的承諾，也讓今天才初次相會卻如同親人般的情誼，洋溢在整個蒙古包裡。他們兩老輪番向我吟歌，敬過來自家釀製的「馬奶酒」——真情恰好，醇酒方酣，我悉數一飲而盡，甘美無比。沉陷……沉陷得好深，深在每一曲如銀碗獻上哈達的真摯熱情，也在每一次飲酒前牧民會用手指點酒祭天、祭地、祭祖先的溫柔敦厚裡……

我偷塞了三塊大肥肉和五、六根骨頭給大黑狗，牠嚼都沒嚼囫圇吞嚥，秒殺快速俐落。老媽媽把涮鍋上高高的鐵煙囪罩下了小蓋子，炭火在酒酣耳熱之際快熄了……我們的眼神交會，大家還是笑得合不攏嘴、東倒西歪。老爸爸的話不多，但是幾杯黃湯下肚，他開啟了話匣子，老媽媽也間夾一句兩句補充；雖然全是我聽不懂的蒙語，卻可以完全讀出他們的感觸。小車司機也熱心幫我翻譯，他完整轉述了老爹爹、老媽媽說起今天一大早看到我的經過。

「一早我以為我們的『兒子』回來了啊！只是他怎麼回到自己出生的蒙古包，連話也不會講了、聽也聽不懂了，還穿了一身滑稽奇怪的裝束，連最簡單的活兒都不會幹了……我可是又好氣又好笑呀！」老爹爹說。

「這個早上我們那心肝寶貝回來了喲！變成一個愣頭愣腦的傻小子回來啦！盡會咯咯地笑，什麼都不會，就像他小時候一樣。不過這個孩子雖然笨手笨腳，但是對什麼事情都覺得新鮮好奇、忙著去嘗試。還是什麼都不懂、什麼都不會做，沒關係的，沒關係的！再教教他就行了！什麼都學不會也沒關係的……回來就好，回來就好。」老媽媽說。

是啊！我一早像個迷路的「二愣子」走進了他們的世界，讓他們重溫簇擁愛子的相聚親情。他們的心裡一定這麼想：我的孩子啊！一輩子只要能守在爸媽身邊，哪怕只是天天礙手礙腳跟媽媽搶著擠羊奶，還淘氣地搶走爸爸急著要趕羊幹活兒的韌皮叉，自己拿去又玩又照相的……都沒關係。

真的沒關係的，真的沒關係的。

回來就好，回來就好。不要再走了。回來就好，真的，只要回來就好。

老媽媽這時拿出一張斑駁殘舊的黑白老相片給我看，顯然是他們老夫妻年輕的時候，抱在手上的是孩童時期的獨生子，照片背景是和此刻同樣的蒙古包，擺著同樣的陳設，牆上掛著同樣的成吉思汗畫像。老爸爸又唱了一首喉音低韻的長歌，然後把酒杯遞給我喝，這已經是今晚第二十幾杯了吧！透過這張相片，我彷彿可以想像他們夫妻如何經歷愛子從小到大、由生到死的悲愴；也終於明白為何他們依然一點也不忌諱「酒」、不忌諱「醉」；即使自己英年早逝的獨子，就是因為「酒」而「醉」於戶外凍死。我悄然發現，這對蒙古老爸媽此刻反而緊緊固執護持著一個微妙的心願——今天晚上他們就是要天不驚、地不怕，希望透過同樣的「酒」、同樣的「醉」，看看能不能在我的身上嗅出一絲愛子生前的豪邁威武，親睹他死前一夜酩酊酒興的宛在音容；就像大黑狗始終想在我的身上嗅出一點兒主人生前的氣息……好做一次最莊重深情的訣別。

我告訴自己：既然騎馬幹活沒一樣行，至少「喝酒」這一項別再讓他們兩老失望啦！

聽完老爸爸又一首為我唱完的天籟蒙古歌謠，我頂著酒意大膽站起身來，抖抖滿身藏在西裝皺褶裡的餅屑，一把拉住他老人家。我請小車司機幫我翻譯，因為聽了老爹爹十幾首歌後，下一杯酒我要首度回敬他和老媽媽，而且要以正宗蒙古男兒的方式——用唱的。他們驚喜相視，不敢置信到不能自已，這次不是笑到合不攏嘴，根本是笑到嘴角裂到耳根，雙目更是湊著皺紋、滲著淚水，把蒙古褶眼皮瞇成一條長長的線，撐都撐不開。

「高山青，澗水藍，
阿里山的姑娘美如水呀！
阿里山的少年壯如山……」

依照牧區的傳統，我為他們唱了一曲大家還算稍熟悉的台灣山地民謠〈高山青〉，他們全將杯中黃湯暢飲而盡。酒酣耳熱之際，兩老不僅笑到東倒西歪，根本是笑著滾到了我的懷裡摟住我，好像我這弱智的傻兒郎突然學會幹上第一件牧區農活兒，以後慢慢就會照顧自己了。接著，左思右想的我總算想起了一首蒙古歌謠〈敖包相會〉，他們一定更熟悉、更喜歡。我等不及趕忙捧起另一杯酒再敬他們。喜不自勝的老媽媽又夾了一支大羊腿到我碗裡；老爹的眼裡則讓我看到他盡是得意滿足——彷彿他蹲在地上，正攙扶著長年臥病不起的獨子，終於看他在自己面前站立起來，踏出人生的第一步那般快樂開懷。

「十五的月亮升上了天空喲——為什麼旁邊沒有雲彩？
我在等待美麗的姑娘喲——你為什麼還不到來喲呵……
如果沒有天上的雨水喲——海棠花兒不會自己開……
只要你能耐心地等待喲——你『心上的人兒』就會跑過來喲呵！
你『心上的人兒』就會跑過來……」

我好不容易找出這首唯一會唱的蒙古歌曲〈敖包相會〉，借著酒興用漢語高亢吟唱，釋放出嘹亮的嗓音；任憑歌詞一個字又一個字打撞在帳頂的皮氈上，又落入我們的碗盤裡、酒盞裡……摻和著大塊朵頤、一飲而盡，好不稱心快意、逍遙自在。儘管老爹娘「心上的人兒」

▲蒙古包裡老夫婦抱著獨生子的那張斑駁老照片，竟像枯萎的花朵逐漸恢復了昔日的豔彩。

永遠也不會「跑過來」了……但是，何妨在此漫漫長夜，就把我當成是那個來不及向你們拜別的愛子，讓這一場「最後」（醉後）的餐宴，彼此「最愛」（醉愛）的餞別，溫暖一雙慈祥老父母虛空無助的心情吧！

老媽媽跑過來抱住我嚎啕大哭、老爸爸也聞歌掩面泣不成聲，雙手緊緊抓著我暖熱的臂膀，好像他們的寶貝兒子真的回家了……而不是由家裡僅有的那一隻雙峰老駱駝，隔天才被牽著馱回來的那具冰冷僵硬的屍體。

大家哭喊成一團，老爸爸跟老媽媽積鬱了四個多月的情緒就此沖刷潰堤，席捲著滿桌狼籍堆疊的杯碗瓢盆……

這個晚上我真的醉了。

大家都天旋地轉、酩酊大醉了。醉在無私無我的分享裡，醉在短暫卻天長地久的慈愛裡。只記得隨後我們反覆唱著〈敖包相會〉這首歌，漢語唱完、唱蒙語的，蒙語唱完了、又唱漢語的……一直唱到我完全醉倒不省人事，變成了一條鋪在炕床上的毛氈子，一動也不動。

再會，蒙古草原上的家

不知道我自己的酒力究竟撐到了什麼時候，他兒子的神力倒是有如附體在我的軀殼上。後來好像又是那匹正在換季脫毛的醜駱駝，靦腆羞澀地馱著我睡進了另一間較小的蒙古包；沒日沒夜地任由我安眠在暖和的小炕上，就像躺在柔軟的雪花裡一樣舒服。迷矇惺忪的睡眼中，彷彿記得有一大杯鹹鹹的酥油奶茶擺在床邊的小几上等待我喝，從飄揚著白濃的熱氣到完全冷卻，我卻連翻身舉杯的力氣都沒有。夢裡我才明白，原來醉死在荒郊雪地上也是含笑九泉的；只是在那旁邊同樣也會擺放一杯熱奶茶，就像是一直守候等待他回家的父母，總會這樣沒日沒夜悽苦哀怨地煎熬等待——但永遠不會冷卻。

在夢裡大黑狗怎麼又跑來找牠的主人呢？吉普車像漠北野蜂般的闖蕩速度你可追得上？對了！我的帽子呢？你是銜給了馱屍的醜駱駝、獨歸的短腿馬，還是給了傷心的老夫婦？他

▲蒙古馬奶酒代替語言傳遞著真摯心情，讓我們最愛醉愛在最美的戈壁草原上。

▲我穿上了那件蒙古老媽媽連夜開著發電機，幫我親手縫製好遠行的大袍子。

們壯美健朗的孩子才不戴我這種怪異突兀的遮陽帽，你這土野狗實在太過天真了……難道你以為老夫婦會像你一樣天真地相信，愛子會像往常睡了場覺一樣，醒酒了，就騎著馬、摸黑返回草原上自己從出生到長大成人的蒙古包嗎？夢裡我又看到那張他們全家福的老照片，彷彿一朵斑駁殘舊枯萎的花，正在慢慢恢復原本鮮麗的豔彩，而此刻我正跟他們一起經歷著所有的酸甜苦辣。

整個夜裡，半夢半醒之間，我一直聽到發電機隆隆的聲響，有時吵得我發慌，還會兀自碎碎咕噥抱怨；奇怪的卻是床邊的茶碗為什麼一直冒著煙，真的不曾冷卻？早上還是司機進來叫醒我才爬起來，撇頭一看，昨夜那杯小几上的茶確實還在熱熱地冒著煙——我真是笨死啦！當然不是昨晚那杯。原來老媽媽在我方才還正酣睡之際，早就進來幫我換上過不知好幾次新泡的醒酒茶，真令我羞愧萬分。我一飲而盡，溫暖了整個身子，這心知肚明的感念，看來今生今世在我身體裡同樣也絕對不會冷卻了。

掀開帳簾往外瞧，原來捲曲的大黑狗一夜都守在我的帳外門檻的氈簾下吹著寒風，前掌還壓著那根我昨晚最後丟給牠的大羊腿骨。只見老爸爸堆著笑臉看我，老媽媽趕緊跑回他們的帳子裡拿出一樣東西朝我走過來。蓬頭垢面的我連臉都沒洗，一身酒臭味、衣襟上還沾著昨晚肉塊的湯汁，活像垃圾桶裡撿回來的野孩子。

一轉眼，加上司機大哥，他們三個人全飄忽般迅速挪移到了我的跟前。老媽媽側身順風抖開一件全新的蒙古大綢袍，伸手就向我比來，還示意要我套套看。我趕快脫掉骯髒汗漬的外衣，穿上去。啊！真好啊！這麼合身呢！您兒子怎麼還有件較小的衣服呢？司機立刻更正我，他說：「這件衣服不是他們兒子的，而是昨天晚上吃完飯、收拾好，繼續整夜開著發電機，由老爸爸綁羊羔子的毛、老媽媽連夜剪裁，親手裁縫製給你的新袍子。」不等他們老夫婦講話，司機自己又添了一句：「你忘啦？他們承諾過你，說『將來』會為你做一件合身的大袍子。」

我萬萬沒有想到這所謂的「將來」這麼快就到了。

前看看、後瞅瞅、左拉拉、右扯扯，老爸爸和老媽媽見我穿得合身，又將嘴角笑到了耳根，就像我們昨夜彼此醉眼裡見到的一模一樣。大黑狗也向我伸過來牠那濕潤潤的灰鼻子，急忙聞遍我身上的每一吋布縷，好像要牢牢記住我身上的味道。我的酒還沒醒嗎？眼前的一切就這樣自然的發生了。夜裡我不是還抱怨發電機太吵嗎？也不知道老夫婦昨天下午就是在為我剪好最新柔嫩細軟的羔羊毛，原來全部變成了這些手縫編織在我衣服內裡的溫暖深情。我真的不知道當我酣睡在另一間蒙古包的同時，老媽媽卻以目測的尺寸熬夜幫我做出了今日送我驅車遠行的新衣，而她竟然還來得及在我睡醒前，又幫我換上一杯又一杯全新的熱奶茶……

上車離去前，我們哭著擁抱；也不管他們習不習慣，我在他們高原豔陽紅漬的顴頰上重重地各親了兩下。從淚眼中，我感覺他們全然把我當成一個準備要長期出遠門的孩子，交會的眼神中並沒有憂傷悲痛，反而浮現著一種父母對子女極為開闊寬容的體諒和愛。老夫婦連縣城都沒有去過，一輩子生老病死都在這片盟旗草原上的蒙古包裡；將來一旦死了，他們也沒有期望要藏密活佛仁波切給他們誦唸些什麼「揭諦、揭諦，波羅揭諦」，接引他們去那個聽說可以寂滅一切人世悲苦煩惱所謂「般若」高妙大智慧的「波羅」涅槃彼岸。但是，我們都知道從昨天到今天，因著我們相互無私的分享，他們的氈帳裡將會永遠迴盪著我的歌聲。至於，我位在台北家中的衣櫥裡和內心裡，也將永遠掛著他們送給我的這件衣服──我們共同的「涅槃天堂」、「般若聖地」，不就在這個無與倫比的「當下」嗎？儘管他們真的不知道：外面繁忙的現代工業都會裡，我可能沒有幾次機會能夠穿得到這樣隆重亮彩的大長袍，難免還會讓人笑話的。

上了車，老媽媽穿過車門握住我的手，老爸爸則繞到師傅的耳朵邊嘰哩咕嚕又說了一大段話。我看到連小車司機聽了都有些哽咽，還轉頭跟老人家有點兒不耐煩地頂了兩句，但依然透過轉著淚光的眼眶向我完整地翻譯訴說。他說：

「老爸爸講啊！當然你也可以不要聽啦！就謝謝他們兩個牧民老人家就好了……唉！怎麼說啊……啊……老爹爹他說呀……嗯……唉！」

「你是我們的孩子。記得下次你要回來，你一定要像昨天那樣跑著回來。你是要回來的，騎走『你的』馬、帶走『你的』狗，還有牽走那隻馱著你回到帳裡的老駱駝。我不會賣掉牠們的，牠們會一直等你回來。我們老了，剩下的肥尾羊我們這輩子也吃不完，全都是『你的』……」老爸爸說。

「記得草原上的天氣說變就變，不要一喝了酒就脫掉我親手縫製給『你的』這件大袍子，別人要笑你就讓他們去笑死算了。聽著！就算醉了也要記得回家的路呀……」老媽媽說。

聽到這裡，我打開車門又跳下去衝到兩老跟前與他們擁抱。我心裡想著：我連馬也騎不好、爬都爬不上駱駝；既不懂得如何照顧肥尾羊，更不會擠羊奶、剪羊毛……我笨到什麼都不會，甚至連這隻大黑狗都管不好。但是啊，就把我當成是你們剛從垃圾堆裡撿回來的野孩子吧！你們卑微的希望不也就只是要他能好好活著，最好結婚給你們生個胖孫子罷了。你們大可放心啊！我一路上都不會再脫掉這件大長袍了，確實要笑就讓外面那些人都去笑死算了吧！因為那些外面的人怎麼會知道……

我真的有一個在蒙古大戈壁草原上的家。

是啊！質樸的蒙古成為我心靈的原鄉，今天開始，親愛的媽媽啊！您也不用多擔心我了，因為我連大戈壁草原上也有了個家。

03 四月阿拉伯

夜奔麥地納，睡吧我最親愛的寶貝孩子

親愛的媽媽：

同樣炙熱的沙漠我跑了好多個地方，媽媽您不太能想像那些彼此之間有多大的差異啊！因為不同的宗教文化、不同的習俗傳統，就會形成不一樣的沙漠景觀，特別是不一樣的人文風土，當然也更讓我經歷了非常不同的故事要講給您聽。

沙烏地阿拉伯麥地納的聖地廣場從雄偉壯麗的清真寺向外延伸，各地來的朝聖隊伍到了接近子夜時分仍然沒有停止。我席地而坐，整片潔白明亮的大理石地磚好像正是我在「天方夜譚」裡的魔毯，任憑我看著人來人往，恣意沐浴在皎潔明亮的月光下。

忽然聽到一群人急促的腳步聲，赤足奔跑連續拍打在平滑大理石地上此起彼落的聲響，真是比交響樂團演奏快版大曲的節奏還要來得扣人心弦。我心底暗自盤算打量：這群人一定是從麥地納，也就是先知穆罕默德升天的地方，朝聖完成後，趕去搭乘最後一班車回去家鄉吧？只見他們清一色都是穿著阿拉伯罩衫大袍的男子，遠遠的從麥地納清真寺廣場外的東北角落，不偏不倚地好像正朝著我坐的西南方向直奔而來。

我迅速敏銳從地上站起身，以便讓出隊伍可能行進的動線位置。當我逐漸看到這一群愈來愈靠近我的人的神情，卻發現每個男人的臉上盡是莊嚴肅穆，不但完全沒有人講話，更沒有人嘻笑；他們的雙手好像還捧著一個小巧扁平的綠色毛毯。看到這裡我幾乎已經可以篤定猜測，這一行人必定正護持著由聖地請回家鄉的珍貴寶物，並且一面快速奔跑、一面相互輪流傳遞著。

在好奇心的驅使下，當隊伍像陣風似地掠過面前，我索性也順著轉向，並拔腿跟他們一起急速奔跑；因為我真的很想知道，到底他們正在傳遞的是什麼寶物？我們這一路剛好橫越了整個麥地納清真寺前最寬闊偌大的朝聖廣場，一路向西。除了我加入外，旁邊不但沒有任何外人再加入奔跑行列，大家甚至還驚惶側目，紛紛走避猶恐不及。反正我在廣場上無所事事，在這個禁止攝影的地方，我倒是落得清閒。我努力用眼睛仔細端詳、用心靈微妙感受也算是一種記錄，何況他們默許我的同行，既沒有人互看、也沒有人出聲。

我想起來這次當我決定要來到麥加和麥地納之前，從伊拉克、敘利亞、約旦到以色列曠野的貝都因游牧民族，一旦知道我正要前往伊斯蘭聖地，就紛紛把他們用了一輩子的可蘭經念珠交給我，懇求我務必一起帶到，不論是先知出生的麥加，還是升天的麥地納都好。儘管我再三誠實相告，說我不一定會再回到他們現居的國度與帳篷，意即這輩子我不一定還有機會再見到他們；然而他們都異口同聲用大致相似說法回應我：

「沒關係的，只要唯一的阿拉真神與你同在過，那我與你同行的念珠也就等於在那聖地最接近真神的地方，領受到了上天最大的榮寵恩賜與福祉。」

於是我謹守承諾帶著眾人幾十串念珠，一一履踐他們殷切的期盼。我真的萬萬沒想到，有一天我會乘載著那麼多人的夢想來到麥地納，如同他們親臨。畢竟那些窮鄉僻壤或居無定所的貝都因牧民，認命安分得很，絕對深知自己這輩子是沒有任何僥倖機會及條件能夠來到麥加或麥地納，完成一名回教徒一生念茲在茲的朝聖功課。

綠毯寶物傳到了我的手上！

隊伍還在跑。我赤裸的腳底板踏擊在夜裡冰涼的大理石地板上鏗鏘作響，我的心情甚是愉悅；這一切來自於我的雙腳跟隨他們踩踏的共同節奏，而與當地民眾產生了自然美好的契合。

突然間，我右眼的餘光瞥見那個我心裡認定的寶物就傳到了身旁男子的手上，我把握機會猛力狠狠盯著它看。那確實是一個扁平包捲的方形小毛毯，鮮綠的底色上襯托著精細繁複編織的紋理；到底什麼小巧的稀世寶貝才可以放得進去呢？他們不怕行進奔跑的晃動中讓東西掉出來摔壞嗎？

下一刻，我又一次萬萬沒有想到，旁邊素昧平生的男子就在急速飛奔的行進間，居然不假思索把綠毯寶物傳到了我的手上！

「啊！」

我幾乎要失聲呼叫吶喊，淚水嘩啦啦地潰堤而出，向身後飛灑在這一片聖城億萬人夢想行踏的大理石板上……

現在這個當下，我的雙手雙腳哪！一面跑、一面捧著的竟然真是一個寶貝，是一具輕軟且尚有餘溫的小嬰孩屍體，可能才剛剛斷氣。這確實應該是一個剛剛才死去的小生命，一對夫妻最鍾愛不捨的小寶貝。我的十指順著他從我掌心傳來的溫度，隔著綠毯溫柔地觸摸著裡面小小的軀殼。這是誰家的嬰娃呀？那對年輕的爸媽一定心碎極了！伊斯蘭教徒是最愛孩子的，而且不分男女都是他們心頭最親愛的寶貝。

一面跑、一面哭，我也一面不知所措地喃喃自語：

「你可不要怕，不要怕哦！叔叔來送你一程。你可要安安穩穩的……安安穩穩的……」

安安穩穩的什麼呢？希望他安安穩穩的「好走」嗎？他根本就還沒有活到學會走路的年紀呀！他像是曠野上方才抽出穗花的麥子，現在卻夭折了。若是貝都因就只能趁著麥穗凋萎前，插在男子長方型帳棚裡的中心空地上，就像現在這樣，由眾家男人簇擁護持著。

這時媽媽您以前教過我的那些搖籃曲都不能用，因為寶貝可能會聽不懂；還好我臨時想起來，貝都因牧民幾天前才教會我用阿拉伯語吟唱的〈寶寶快睡搖籃曲〉。千頭萬緒凌亂的瞬間，我這個什麼都不懂的笨叔叔只能用這首只有兩句話的歌，輕聲唱給你聽了……

「Anta hayati

Roh nam ya habibi

你是我的愛，

睡吧！我最親愛的寶貝。」

送寶寶今生最後的一程

雖然我始終看不到這個嬰孩，但是他微溫的屍體卻不斷傳達了溫馨的領受電波。一路西奔的路上，我們繼續傳遞著他纖弱的屍體，也繼續朝向一個鐵柵欄封鎖的林園裡跑去。原來這就是麥地納的男人墓園，在乾旱荒涼的阿拉伯半島上，這裡是唯一看得到很多樹木的地方。眾人此刻正協力在地上挖出一個洞穴，我這才看到綠毯裡是一個用白布包裹著的男嬰，紅咚咚的臉頰像在熟睡一般。最後由年輕的爸爸把他放到土裡，好像播種麥穗。我怕驚擾他們，所以退到稍遠的角落，只見父親逆光的翦影，在微弱的光影裡晃動顫抖著。終於在覆土的一剎那，他再也壓抑不住，仰頭對著墳頭的老楓樹放聲嚎啕大哭。聲音像是一把利刃穿透且撕裂著整個阿拉伯子夜的星空，切割劃破了滿天星斗紛亂雜呈的天幕，我們的心也都跟著他淌滿了濃稠的鮮血。

一群大男人哭著哭著，我忽然發現自己忘了一件事情……

對啊！媽媽我想到了您！那就是，男人都在這裡，那女人都到哪裡去了？環顧四周怎麼沒有人能回答我呢？我想起來這個樹木扶疏的林園，今天一大早就曾步行經過這裡，原來是座墓園，而且只有男人才能進來。平時都用一把古老的大鎖給拴起來，任誰也不被准許隨意進入，尤其嚴禁女性踏入，一步都不行。哦！我終於懂了。難怪今天早上到下午，我總是看到有婦女零零星星趴著墓園外的鐵欄杆，臉朝向裡面又哭又說又細瑣叨唸、振振有辭。對於一般到此一遊的外國旅行者而言，那些昨夜星辰昨夜風又甘卿何事……沒有人會像媽媽您和我一樣，去關心那些婦女她們到底在做什麼？又是何等如凌遲炮烙般面對喪子的煎熬感受？

原來就是因為媽媽您讓我變得和其他人都不同，因為當時千萬人經過那裡，卻只有我一個人駐足停留，為她們尚不清楚的舉措動容，心領神會。一段麥地納夜奔林園的過程之後，更讓我和當地歷經生離死別的民眾完全感同身受。我現在才想到了，最悲慟的不是那一個年輕的爸爸，其實是那一個關在家裡，不能為自己的寶貝送最後一程的媽媽……那會是怎樣一種比淌著鮮血更為椎心刺骨的心情！所以，難怪婦女們只能趴在隔天白晝唯一被准許的墓園欄杆外面，盡情哭喊、盡情跟夭折的寶貝說話！誰叫媽媽連心肝小寶貝臨終最後一程也不能隨行；連娃下葬埋土前的最後一眼也不能親睹。這是何等心神交瘁的折磨。

沒關係的，就算今天是古代白衣大食帝國一千零一夜的一個傳奇故事吧！

我身為一個語言不通、習俗不懂、半個人都不認識的外國人，我們早已不必相識就已經情繫海內、意牽寰宇，牢牢給綁在了一起。

對的，媽媽！我在心裡像平常跟您說話一樣跟這位小媽媽說：

「請放心！就像我口袋裡幫助別人的那幾十串念珠一樣，我也在麥地納幫妳眷顧過了妳最魂縈夢牽的小寶貝。請安心！我不但代替妳奔向墓園，送了寶寶今生的最後一程、幫他唱了安眠曲，也在那棵他已然長眠的楓樹下，代替妳看到他的最後一眼。漫漫寒夜裡，妳放心我都跟它們說好了：『天頂的新月會為寶寶點亮一盞明燈，地上的楓葉會幫寶寶蓋上溫暖的衾被。』」

寶寶不怕哦！乖乖的睡了吧！
真的好乖好乖好乖。
我親眼看到的，真的好乖。
好乖。
好乖。
好乖。

▲麥加聖城是信徒嚮往朝拜的聖地。

▲我乘載著眾多牧民朝聖的心願，帶上他們的念珠幫他們實現今生永遠不可及的夢。

▲麥地納聖城廣場上一段「夜奔」，把我和當地的人心牽繫在了一起。

▲我竟然代替心碎的媽媽，為她夭折的小寶貝護送到墓地的最後一程。畢竟寶寶在任何這樣一個帳篷裡都是掌上明珠。

04 三月西北非

尋夢撒哈拉，在我心裡永不墜落的太陽

親愛的媽媽：

迷戀沙漠的心情這陣子在我的心裡繼續激盪翻攪，我忍不住又丟下繁瑣枯燥的博士論文撰寫進度，臨時買了機票，就這樣一腳伸進西北非撒哈拉大沙漠。我知道如果媽媽還在世的話，一定會狠狠地責備、教訓我：為什麼又不專心讀書。可是，媽媽，我真的壓抑不下那千絲萬縷躲藏在沙漠深處的精靈，它們不斷發出萊茵河上女妖魅惑的歌聲，像投送包裹一般，把我丟到這看似一無所有，卻處處縈繞著億萬故事精靈的撒哈拉來。

「撒哈拉沙漠已經七年沒有下雨了！」

這是我在這次長途旅程上，聽到第一句有關撒哈拉的話。

「每一名女孩從七歲開始學織地毯，一直織到她要出嫁才賣掉這張地毯，這筆錢剛好當作她自己的嫁妝，還有她兄弟未來娶妻的聘金。」裹著藍頭巾的沙哈拉威人哈迪．阿拉威．阿里（Hadi Alaui Ali）繼續在長途巴士上，對我訴說他們族人的故事：

「你看地毯上的圖案啊！這是我們哈迪．阿拉威家族的標誌，我的姊妹和母親的額頭眉間都刺青著一樣的線條！就是這樣的，沙哈拉威女人的下巴和手背也都有……」

我把目光轉到他身後的女子，夕陽像火燒紅了她的臉。黑炭粉勾勒鮮明的下眼瞼，一雙懾人心魄深邃如淵潭的眸子，立刻攫住我猶豫未決又游移不定的心。

「撒哈拉沙漠已經七年沒有下雨了！」

直到阿里又用摻和著法語、西班牙語與當地土語的英語對我說了這句話，我才回過神來。他還是像車窗外無垠的黃沙一般，不斷對我重複著一些簡易的單字片語：

「撒哈拉沙漠已經七年沒有下雨了……我姊妹的地毯賣給你。你必須買。我們要糖、麵粉、油、鹽、肥皂……」說著說著，他急了。

「那麼，你現在賣了地毯去買那些東西，你的姊妹和你將來靠什麼去結婚？」聽他說著，我也急了。

「……」

太陽像陷進黃沙一般，在一望無際的沙漠消失，撒哈拉的黑夜竟像翻書轉頁般唐突來臨。我們都如此措手不及，既為眼前的落日，也為我方才的問題。黑夜是不是代表冷清與寒凍？否則他的姊妹怎麼總是用左手緊扣著頭巾。夕陽餘暉中，我依稀看到她的手背上，真的刺了一個太陽式的圖案，輝映出一種撒哈拉大沙漠從日出到日落間蛻變的心情。

「你就買吧！求求你！」他苦苦哀求我。

我回頭望向東方的天空，一月十一日的撒哈拉享有著一輪慵懶沉淪的下弦月，低得簡直像是快要跌進沙丘裡了。如果現在這乾旱的撒哈拉有如此一彎清淺的湖泊，是不是阿里就不必賣地毯？是不是他與姊妹就不必再隨長途巴士為趕集、兜售而奔波？是不是？是不是？是不是……我也就不必迎向他們如沙漠風暴般的震撼與抉擇？

他們下車了，又趕去另一段隨緣的市集，厚重的地毯沉甸甸地留在我的腿上。我知道自己已經為這一趟撒哈拉之旅，留下第一個無法言喻的回憶。

夜涼如水。我蜷縮著，沒有玻璃的窗戶送進廣寒的氣息。不知什麼時候，我熟睡在晃動的大巴士車廂裡，腦袋直敲在小窗的把手上，卻依舊夢著美克尼斯（Meknes）一路東行的橄欖樹、綿羊群，以及埋頭耕田的驢隻。摩洛哥（Morocco）進阿爾及利亞（Algeria）的路原是一片的綠。

天是真正的黑了，黑成一塊絨布，精巧的星斗如美鑽鑲在天際若即若離，罩著一群天南地北、互不相識的族群。我從不曾懷疑自己突然決定隻身跑到撒哈拉的原因。畢竟，我想看一看這片與東西方世界都截然不同的地理人文景觀；想體會生活在大沙漠上的人民，是不是也有一顆粗獷間纖柔秀異的心情。更重要的是，媽媽，我來撒哈拉其實還隱藏另一個理由，就是想探望一位已經離塵遠逝的忘年老友三毛，她是我在您過世六年半之後認識的一位心靈知交，就好像我的親大姊一樣。她為華語文壇首度寫下那個滄海桑田、物換星移的沙漠世界。那裡有她不再來的「雨季」、有躲在「溫柔的夜」裡「哭泣的駱駝」，還有一位曾用雙手張開彩毯，在卑微中煥發人性光芒的「啞奴」、「沙巴軍曹」、「沙伊達」……

不過，當眼前模糊的蹤影旁，顯現出紅牆白邊的城樓時，我突然有一種快窒息的瘋狂。這是什麼時代的城樓，為何鑲著齒狀的稜線，逼著人的思緒跳到古絲路浪漫的高昌樓蘭？這是什麼空間的人群，為何在夜裡徒留樓宇林立，卻一個人影也遍尋不著？我在艾拉契迪亞（Errachidia）下車，晚上十點十分，總感覺自己不小心走回了時光隧道，跌入一個時間停止、空間孤立的死城，它似乎只是躲在撒哈拉沙漠邊緣的綠洲上，閃爍給旅人一個海市蜃樓的夢幻。幸好星月指引著路，否則我抱著地毯，背著行囊必定會一不小心就誤過沙橋，真正跌入沒有時間與空間的瀚海中。太累了，我坐在路樹邊喘氣，手被行李的重量壓得幾度抽筋；然而樹梢落下的黃花，卻為我點醒出一個天大的驚喜：

滿地的石頭竟然都藏著億萬年前的遠古生物化石。

夜訪化石城，沙漠蒸汽浴初體驗

整個沙漠城堡的人都睡著了嗎？怎麼就剩我這麼一個沒見過世面的傻孩子，坐在地上把玩當地物多價賤的化石。竟然整個城市都是建築在遠古大海的波心，所有建材都是遠古生物化石所凝聚的美麗。菊貝、三葉蟲、角石、海百合、恐龍齒……一個一個凍結住超越時空的千姿百態。

我開始想用地毯包住每一粒絕美動人的化石，每一粒。我又急了……包不住整座化石城堡，徒留夜風對我訕笑著颼颼作響。天地逆旅的人為什麼總想帶走一些永遠不屬於他的東西？不如映著月光讓我靜靜欣賞，誰說每一粒石頭不是「紅樓夢」裡前緣不盡的胎記呢！我打開水壺像灌溉花圃似的，透過月光灑在石地上，剎那間每一個靜止在沙漠中的古生物全都「活」了過來。蒼穹上億萬顆星點此刻彷彿扯弄起繁複的懸絲提線，牽動著它們億萬年前曾靈動的關節，讓我更清楚地沉浸在這段自己未曾參與的歲月裡。

水速速蒸發而去，化石又靜止了下來，我這才看到上面有畫過線條的痕跡。一定是鄰近的孩子在地上用石頭畫出的方格，原來他們也玩台灣兒童的「跳房子」遊戲呢！

整個化石城堡在夜裡全跟著我一起年輕地笑了起來。

撒哈拉的溫差出奇的大，太陽一出來，夏天就來臨了，四季就這麼任憑暴君般的太陽決定時令。整個沙漠像個巨大的三溫暖桑拿蒸汽房，卻找不到門能跑出去透個氣。

我搭上一輛破舊的吉普車準備跨越邊界。土瓦里格（Touarig）族的司機馬地里（Madiri）問我：「爸媽的名字？」原來他們父母的名字與祖父母的名字都跟著自己的名字走一輩子，他們的名字也將跟著孩子一直走下去。車外的電線杆一根接一根，綿綿長長就像土瓦里格族人的名字，也跟著我們一路走。傾頹低矮的石牆讓上學的孩子，背上書包跑成了一條沙地中最好走的路，映著那輪剛起床又紅又圓的旭日，學童們像極了幾隻飛行在地平線上的小精靈，正在捉弄粗暴卻笨拙的太陽。

車行好一陣子才見著一個村落，沙棗與乾草為人畜安頓了一個個單調的家園。柏柏（Berber）人的毛料大袍就這麼任意搭曬在蓬草上，整個撒哈拉都是他們家的曬衣架，當然不必用藩籬來區隔什麼天地與人類。

馬地里看我在照相，一面開車、一面側過頭跟我聊天，不但不看路，居然還問我可不可以讓他拿拿我這台新奇的相機，幫我照上一張相片。可是，他在開車呀！全車的人都笑了。十二歲的法地（Fadi）幫他的司機爸爸比手劃腳指點我：「這裡是撒哈拉呀！全是沙，根本沒有路。反正車子自己開到哪裡，那裡就是一條路啊！」說完，我也加入他們豪放的笑聲中。畢竟沙漠中沒有路，也少見一輛車，是不怕駛離路線撞上來車或是必須隨時留意速限、斑馬線還是紅綠燈……此等無聊多餘的所謂「文明交通」顧慮。

一路上，吉普車像拉了一條長沙編的拖曳傘，比風沙還快地呼嘯而過。等到該下車的全下了，只剩我和馬地里與法地父子。這趟便車簡直算是我撿來的，我只不過無所事事的東張西望，隨手幫他們拾起了顛動落地的糧袋，竟然得到他們的熱情邀約，一路跑了五百多公里，陪他們分送完了一村村的貨，也快速瀏覽了整個摩、阿邊關的民俗風情。袋裡的麵粉一定給撒哈拉的子民帶來了無限滿足，因為我的記憶裡永遠烙印住每一站的每一張笑臉。

整個沙漠都在笑啊！

「我們洗澡去吧！」

馬地里說著就隨手把車子停靠在里撒尼（Rissani）的綠洲城邊，繞了這麼一趟路，我是該有所表示了。我請他們喝薄荷茶、吃羊肉串，再配上麵包和茄片薯條。接著三人繞進了一間寫著 HAMAL（土耳其蒸汽浴）的小門裡，我也像三毛一樣，終於在沙漠裡體會到當地奇妙的沐浴文化。每個男人會拿著一個小水桶，穿著內褲去接水，然後蹲在角落用特製的繩巾搓揉肥皂。我還記得在鄰國比較講究的地方，都會有一個古羅馬式蒸汽燻烤的瓷台，這裡當然因陋就簡不來這一套。於是我們各花了約合三塊半美金的當地貨幣，給專業師傅擦背按摩，這可是浴票的九倍呢！他們都知道我們從沙漠才橫渡回來，師傅用法語戲稱我們：白天在沙漠乾洗蒸油，晚上來澡堂給他集結搜刮。

「啊喲！」

我這一聲可把原本就好奇偷瞄我的眼神全都匯聚了過來。他們好奇這個東方人怎麼如此入境隨俗，也好奇我怎麼耐得住摩洛哥澡堂師傅，近似瑜伽軟骨的那種「折疊肢體式按摩法」。

媽媽，我此刻心裡想：任他們笑吧！一個陌生人能帶給整個澡堂的人歡笑，也是件不容易的事呢！

整個沙漠又都在笑了啊！

撒哈拉最壯闊感人的晚霞

延妥了機票，我狠了心腸丟下卡薩布蘭加（Casa Blanca）的繁華，又跳上另一段更遠的南行巴士，探索的是——延伸到前西班牙屬地西撒哈拉（Western Sahara）與茅利塔尼亞（Mauritania）邊界的政治敏感區。

這裡是沙哈拉威人世居的土地，自從西班牙人在一九七〇年代底撤出之後，就被摩洛哥人與茅利塔尼亞人南北夾擊瓜分了。沙哈拉威人還在等待像中東的巴勒斯坦人一樣可以建立自己的國家，而被稱為「保利薩里奧」（Polizario）的抗爭游擊組織，便成為撒哈拉這個被全世界所遺忘的角落裡一段現實的傳奇。

我就是跟著這群俗稱為「藍人」（Blue People）的人向首府拉庸（La Ayoune）前進。四個小時先抵達摩洛哥的南方重鎮馬拉喀什（Marakech），再經整整十個小時才能到古列敏（Gulemine）。清晨六點十分太陽能裝置的路燈關了，我們也剛巧等了半個小時後，湊足滿滿一輛計程車出發。六個人擠一輛，又冷又累，我被分配側坐在車門邊，顧不了車門上的擱手台卡著腰，我睡睡醒醒竟麻了半個身子。七個小時後的正午，終於看到拉庸兩個大皇冠狀的牌樓，大帳篷前的軍人第六度把我們全車攔下盤查。

從上午六點至下午一點的路上，我們睡了又醒、醒了又睡，醒與睡都為了一關又一關軍警的安檢，翻來覆去抄著一樣的護照資料，再千篇一律逼視我的倦容，單獨質問我：為什麼你要乘了二十一個小時的巴士、計程車，到這個窮山惡水之地？老舊的打字機滴滴答答地記錄著，伴隨著蒼蠅環繞著隔夜炸魚乾的嗡嗡聲。我也像是一道乏味的菜肴，被半張舊報紙油漬漬地蓋著。哨所裡面陳設簡陋，除了桌椅，只有一方由石塊堆疊起的木板床，看來為了維護這片領土的主權，摩洛哥人也跟以前的西班牙人一樣吃盡苦頭。

黑毛山羊在我腳邊找著細微枯黃的旱草，我佇立在殘破的老界碑前面，看這一前一後的石柱是如何由拉丁文改為阿拉伯文。這確實是一個不關中國人喜怒哀樂的國度，甚至，二十年間可能沒有一個中國人再來過這裡，可是在夢與醒之間，為什麼我仍然被這裡平淡無奇的一切現象深深吸引著？

我終於找到了答案。

當車隊於傍晚四點半鐘停在沙漠中，我才驚訝地發現：太陽落日前，全世界的人並不是只會為了工作事業或烹調晚餐而忙碌，也不是只會詩情畫意地欣賞晚霞美景。這個黑夜與白晝莊嚴的分水嶺所剝離出來的分秒時刻，正由撒哈拉大沙漠上幾十萬虔誠的伊斯蘭教徒，東向麥加聖城的方向頌唸著可蘭經文。他們站成一排，跪坐再拜。我則被留置在車上，還為自己誤以為他們是集體下車解手而懊惱。今天的夕陽還是濃烈得一如火球，撒哈拉承接了所有乾旱的暴戾與貧乏；但是，撒哈拉的子民卻這麼充滿柔情和悲憫，珍惜地親吻黃沙，因為通過縷縷綿延無邊無際的黃沙，他們深信終有一天自己會完成此生朝聖麥加的心願。

我為這份敦厚虔敬的生命態度感動得想哭，因為十分鐘的吻沙祈禱，正由他們編織出了一幅撒哈拉最壯闊感人的晚霞，盤據我波瀾起伏的心中。

沙漠的人情學校

拉庸的市井極為蕭條，長長的磷礦輸送帶與成列巨大的高壓電座垂直交錯，點綴的是一戶戶鐵門深鎖的商店。我開始被幾個圖形怪異的路標所吸引，有的形如凹地，有的畫著汽車兩旁濺著水花的圖案。經過多方詢問這才明瞭，由於撒哈拉雨急風驟，因此不下雨則已，一旦下雨，

▲沙漠裡沒有水，乾旱的子民只有自求多福。

▲撒哈拉大沙漠的藍袍沙哈拉威人成為三毛筆下的主角。

窪地必成澤國，路基湮沒、橋梁沖毀。難怪一進拉庸市郊，首先映入眼中的不是黃沙，而是一片被水浸泡的樹叢。

我繼續跟他們再坐了一段車程之後，換乘駝隊向斯馬拉（El Semara）的方向走。那是個沙漠內陸的城市，就這麼不經意的在死寂中竄出了生機，進丹丹（Tan Tan）省界以來，這是我們第一次折向沙漠的深處。一旦看似比陸地還高的大西洋消失時，眼前的景物竟在烈日輻射下，一如方才洋面的船隻，一個個飄浮在半空中。

我的嘴唇乾裂極了，皮膚被風沙陣陣打刺，卻連一滴汗水也沒有。沙哈拉威牧人傑迪拉（Jdira）一直為我們帶路，牽著駝群突然繞到我的面前，給了我一口腥羶的羊乳酪和一方粗布的藍頭巾。他說，羊脂可以保護膚唇，頭巾可以擋風遮陽；於是借來了這一條藍頭巾裹住我已被曬到腫脹的頭臉與雙唇，我們繼續趕路。

今天的太陽似乎特別眷顧撒哈拉，日照如此長，長到下午五點十五分，他們的駝隊才停下來祈禱。我多希望趕快

▲穿戴上沙哈拉威人藍色的頭巾和大袍子，我繼續好友那些尚未完成的旅程和故事。

▲我與三毛的心靈知交來自於對沙漠共同的感動。

到斯馬拉，但是我必須等待。不一會兒，我發現停下慌忙的腳步去等待是值得的，因此我才有時間細細觀察到沙漠中竟然炸出了一朵朵細蕊的小黃花……誰能相信撒哈拉也有春天，也有無晴無雨、無寒無暑的心情。我甚至一朵也捨不得去摘它，因為它詮釋著每一個脆弱生命的堅毅內涵，無分軒輊地讓我重新回到沙漠學校，上了這「人情」的一課。

「人情學校」的課程還多著呢！

我們終於看到斯馬拉了。黃澄澄的燈火在遠方隨著氣流繽紛跳躍，這是個何其幻妙的「浮城」啊！這幾天我們就在這些周邊長方形的帳篷裡過夜嗎？我像個孩子穿梭在帳篷間，一回頭才發現我的身後也跟了一長串沙哈拉威的孩子。我更加相信三毛所謂的那種人際之間無形感應的電波和密碼，就在我的身邊悄然出現著。

「快來吃吧！我們今晚就睡在這裡。」傑迪拉正是駝隊的頭兒，招呼我坐到食物前，自己卻加入帳篷區外面晚禱的人群。我一直在虛心學習他們的誠懇，在外面那些號稱「文明」的國度裡，又有誰能對一位素昧平生的遠地訪客，如此毫無戒心的竭誠款待？傑迪拉晚禱完畢進來帳篷，奇怪我怎麼一口都沒吃，以為我挑嘴，又從後帳搜出兩個煮熟的雞蛋給我；他不知道我正用東方的禮節，等待主人先行開動。沙漠中能伴著晚風在油燈旁進食，用億萬財富也換不到，我怎會挑剔。

一口麵包、一口羊肝，再喝一口豆末湯。太好了！難得有魚，我們把小巧飽滿的柑橘捏擠出的汁液淋澆在上面。孩子們饞透了，卻要等到最後一批才可以坐近地上的食物，現在只能用眼睛流著口水。我偷偷塞了一條魚給傑迪拉的兒子，他頭也不回的衝出帳外。我幾乎聽得到他和我的心底，此刻都迸發出薄海歡騰的笑聲。

整個撒哈拉再一次狂喜的笑著……

告別的時刻，我根本不想走！

幾天相處下來，沙哈拉威人不厭其煩地教導我如何學習當一個沙漠中的好牧者，那就是：要先保護好自己的精神體力、算準沙漠風暴來襲的時間、掌握好橫渡旱地的水源、注意羊隻駝群是否有反常的驚惶，一直到監控好那些長方形黑色的毛氈帳篷如何豎立得宜，並且拉得緊緊的、栓得牢牢的，同時還不能忽略必須避開風向的切面……這些都是一個古老民族面對狂暴的地理、天候條件下，必備的活命本領與傳統智慧。我可能離開撒哈拉沙漠之後到哪裡也用不到，但是，沙漠就是他們今生唯一與全部的世界，因此，他們賣力而認真地教導我，簡直無法想像我這個什麼都不會的笨小孩，到底是怎麼長到這麼大的？他們也非常好奇我是如何輕鬆地來去自如於外面的世界？莫名其妙的就像外星人一樣，突然出現在他們習以為常的世界裡，又可能隨時都會乘著飛碟離開，永遠消失於他們的世界裡。

媽媽，我想，直到最後我還是沒有跟他們學習得很好。不過，單單只有一點——關於他們如何在暴烈苦旱的自然煎熬下，淬鍊涵泳那種敦厚的柔情與悲憫的胸懷，就足已讓我今生受用不盡了。

離去的那天終於到了，清晨四點傑迪拉就把我叫醒，他怕我誤了今天早上六點回首府的特別車班，這班車一個月才來拉庸一趟。我是多麼不願在人氣溫暖的帳篷中離去，因為人情也是這般溫暖。傑迪拉的兒子側身靠著我、頭還壓著我的右手臂在甜甜酣睡呢！我怎忍心讓一個六歲的孩子一早醒來驚愕發現，「外星人」叔叔已經搭乘不明飛行物遠走高飛了，竟沒有跟他告別。其實，昨天傍晚在擠羊奶的時候，我就一直告訴他「我要走了」，無奈言語不通，只好跟他一面揮手，一面擺出像飛機發動起飛的姿勢。沒想到他以為我這孩子王又發明了哪一種新鮮的童玩遊戲，也學我這樣搖手擺尾地玩著，一直被爸爸傑迪拉從帳外曠野一路罵到帳內地上的氈毯，才不甘心地睡去。現在，我實在不知道如何告別，因為想在清晨四點鐘喊醒一個孩子固然是天方夜譚，而且我連他的名字都忘了問……

傑迪拉熟練地張羅好驢子，送我去斯馬拉的車站。事實上，我一路都在懷疑：為什麼他每一分、每一秒都這麼從容不迫、神采奕奕？雍容的風采氣度竟像是沙漠裡一片精美細膩的遠古化石，和那個三毛筆下游擊隊的英雄人物巴西里真是神似。相形之下，我套了鞋子，忘了穿襪子；拿了背包，忘了放相機；走出帳篷，又發現自己找不到眼鏡。我只給自己一個姑息的理由：我根本不想走。我想再看看他們一天五次祈禱的虔誠，即使我當不了一名撒哈拉的好牧民，也可以天天跟著滿帳篷的孩子們一起複習重新當一個孩子的快樂啊！只是我還是得走，看看傑迪拉的兒子還在睡，我拆下腕上的手錶綁到他的手臂上，連最小的一格錶帶對他來說都還太鬆。我當然知道沙漠上太陽、月亮和星星就是他們世世代代的鐘錶，根本用不到這種自以為是的文明廢物；可是，當今天朝陽初起時，他將會發現滴答不止的錶針，正向他訴說一個遠方朋友終生無盡的思念。

在我心裡永不墜落的撒哈拉太陽

斯馬拉一點也不大，人口有沒有一千人都難說。窄窄的主街古道上只停了一輛大巴士，人們正上上下下把行李綑傳到車頂綁牢。不料，當我們騎的兩隻驢子走近售票處，大家都在側頭看著，這是哪裡跑來的髒臭禿驢？又是哪裡跑來的沙哈拉威人？兩名摩洛哥軍人從車窗邊向我們吐口水，傑迪拉只是謙卑溫和地把我從驢鞍上扶下來。他立刻轉頭就走，沒有問候、沒有再見，眼看就快要消失在破曉前最深的黑幕裡，就像我與三毛最後一次道別的情景。

我知道他怕連累我，佯裝只是我花錢雇用的驢夫。但是他忘了，我的頭頸上還纏著他們族人的象徵標記——一條藍頭巾，一種用當地漠野小藍花所印染成的特有布縷。

才轉身向巴士走了兩步，我又猛回頭一瞅，他還佇足牽著驢看著我。我心一橫，決定快跑到傑迪拉的面前，跟他大大方方的面對面，也應該把頭巾送還給他。於是我立刻繞了三圈解下這個大漠裡救命的玩意兒，追了過去，任自己厚重的背包丟在地上，像個跌翻的大烏龜殼擋住了人家的售票口。我更顧不得那麼多人面前，管他好不好意思，再度向他跑了過去，很慎重地用雙手抓過他的臉，依照沙漠的禮俗，用我和他的面頰足足親吻了四次。他的鬍髭簡直比撒哈拉的風沙還要剛毅粗硬，這段道別儘管沒有共通的言語，無形感應的電波密碼，卻使我此生永遠記得撒哈拉與她的子民。

傑迪拉還是一言不發，從容中清亮的眸子閃著淚光與我相對而視，在看著我緩緩離去後，他才牽起驢子，轉頭背向那些剛才訕笑鄙視他的人們。這一刻，我們都不知道該如何邁出腳下的沉重步履，因為我們深刻知曉，在撒哈拉的這兩個人一旦這麼背對背轉身，就變成了銀河星系裡的兩個平行宇宙，此生恐怕再也沒有重逢相見的機會了。

目送他漸行漸遠，走回巴士，迎向我的卻是另一堆更加好奇的眸子，特別是他們看清楚摘了頭巾的男子，竟然是個東方人而不是沙哈拉威人。先前吐口水的摩洛哥軍人這下子可好了，一個羞赧的揭帽向我致意，另一個正試圖把自己慚愧的軀殼深深地陷入椅墊中，好像想鑽到地球的另一端。

「Japanese? Jackie Chan?」

我被他們什麼日本不日本人的問題，正攪得不知買票的方向，一聽「Jackie Chan」（成龍），這該是代表華人吧！我的靈感來了，連忙答應：

「Yes! Jackie Chan!」

為了我這個俏皮的答案，隨後，等到六點二十分開車，原本嚴肅的乘客們，全都因為我的答案而活靈活現地讓撒哈拉沙漠又大笑了起來。他們就這麼發出此起彼落的功夫叫聲，也不嫌煩的一直玩到八點天全亮了，車子晃晃蕩蕩的駛進大沙漠，才累到打盹兒止住。接著四個小時回拉庸的路上，炙烈的太陽籠罩大地，我才終於可以清靜孤單的一個人欣賞撒哈拉無垠的世界。

我真的確定整輛車子、整個沙漠也是在行進間笑著熟睡的。

抵達拉庸，我到處找尋返回北方的車子，卻遍尋不著野雞車叫客的圓環。一路問了五、六個人都因語言不通而團團繞路，看來好似離不開撒哈拉了。半個小時後，遇到一位十七歲的男孩德瑞茲．西憲（Derraz Hicham），他建議我改搭CTM（長途班車），於是我跟他走，一直走到他家。由於車子還有兩、三個小時，買好票之後，他問我想不想去他家喝茶？我欣然同意。

上了樓，才發現他的姊妹弟弟還真多，一群圍過來看我，他的母親正在揉麵粉，一手一個美賽門餅（Msaman），配上塔金砂鍋（Taging），偏偏這午餐時刻兒子帶回來了個不速之客。我把他們的一舉一動都用照相機記錄下來，弟弟妹妹正玩得大呼小叫，這名客人是非吃一頓不可了。我接過西憲姊姊提的水來洗手，別致的鋁盆盛著滿缸汙水，這才依樣學他們用手抓著飯開始吃，也聽他講述他的家庭。

「我爸爸名叫慕斯塔法（Moustapha），就在幾十分鐘車程外的OCP（Office Cherifof Phosfat）磷礦場，你以後寫信就寄去那兒給我，記得Service474……」西憲一面抄給我地址，一面說著。

我簡直不敢相信自己的耳朵。匆匆吃完就拉著他去OCP找他爸爸，因為荷西曾工作的地方曾經就是類似的磷礦場。他的爸爸正在工作不能見我們，我坐在磷礦場門口聽他說，他爸爸已經在此地工作八年，一九七五年摩洛哥占領隨即接收了西班牙的這些磷礦場之後，就從北方大批移入了成千上萬的摩洛哥人。我確定荷西與三毛就是在那個時候隨西班牙的政府軍隊撤出原來的「西屬撒哈拉」，搬到了西北非外海的另外一個西班牙屬地：迦納利群島。

這真是不可思議的際遇，來到撒哈拉我從未想過，會看到一個荷西曾為三毛來撒哈拉工作的磷礦廠。遙想一對愛給別人搭便車的異國小夫妻，在這裡成婚，每天上班的路上，他們會在每一個可以相互張望的角落流連。許多平凡俗氣的瑣事在這裡發生，卻被三毛細膩的文筆記錄成生動感人的文字，傳到了萬里外的台海兩岸……

上車離去前，我把遮陽帽脫下來送給西憲，他立即歡喜戴上。離開撒哈拉之後，儘管有很多曾向沙哈拉威人學習的謀生技能用不到，同時我再也不會遇到比這裡更大的太陽、更好的人，西憲當然比我需要這頂帽子，也值得讓我送給他。特別是，此刻的我更想讓太陽曬暖那些心頭陰晦的記憶，那是一個老朋友突然自殺走了，留給所有家人、朋友和她那億萬的讀者無以復加的驚惶錯愕。然而，踩在她當年曾經生活過的土地上，遙想她的生命如何從這裡開始透過寫作而發光發熱的歷程，對我來說乃是一次何其溫馨的悼祭。

幾十年過去、幾十年未來，這裡幾十年來來去去對於億萬年亙古恆常的沙漠並不算什麼，但是撒哈拉卻才等到了兩個從東方來尋找柔情悲憫的華人。是不是文學也有股懾人心魄的魅力，總能像沙哈拉威女子的眼睛一樣，在我第一次進入沙漠的長途旅程上，就俘虜住我游移不定、多情易感的心，為我此生妝點出一段段年少難忘的尋夢回憶。

看來，今天起撒哈拉的太陽在我心裡將永不墜落了。

▲潞平手繪四段沙漠故事的心情，就像變成彩筆的椰樹流洩出沙這個字裡的四個奇幻經歷。

05 十月埃及

重回努比亞，上埃及路克索留白的美感

親愛的媽媽：

有時候想想，人生真像是一列疾駛的火車，串聯著一節又一節的車廂。這些車廂裡面，有的收藏了年少未能實現的夢想、有的滿載了過往失之交臂的朋友，也有的填滿了天涯海角無緣再續的情感。層層疊疊的缺憾會跟著我們在生命的軌道上跑一輩子。直到有一天發現，那些我們終生再也不敢走進，或是已經不能再走進的車廂裡，竟然會有一種淡淡留白的美。

還記得那天前往埃及首都開羅（Cairo）的火車，再二十幾分就要開了，我站在月台上著急張望，腦海卻想起了這幾天的事，也想起這個橫跨尼羅河畔的古城路克索（Luxor）。

穆罕默德說過，他和他的母親一定會來為我送行，特別是要把他給我的皮簍再配上一對鈴鐺。我索性跑出來杵在路克索鐵路車站的大門口繼續等，心卻跟著街上一輛輛腳踏車早飛回到他們的「哈伯村」。從來不知道「等待」這兩個字，居然也可以促進人的思考與回憶；畢竟，此刻若非他們遲到，逼著我必須焦急等待，我也不會把所有想像空間，全部凝結在他們這對平凡的埃及母子身上，好似重新溫習了過去這兩百四十個小時裡我們親切互動的情誼。

路克索的柏油路如果是抹了陽光跟牛油的吐司，那麼通往「哈伯村」的碎石路就是黃花炒蛋。我們前後追逐，互相盯著對方的腳踏車輪一路玩鬧著回家，暫時把剛才「亞蒙大神殿」裡如數家珍的巨大石像與對岸的陵墓群全都給拋在腦後。晚上，他的母親真的用炒蛋與葡萄乾，配上自家烘焙的大圓麵包招待我，喝一口黑綠的薄荷茶，幫我把食物與母子倆的熱情暖暖地燃遍全身。

「我們用樹皮與莽草編……每次出遠門揹著它。裡面塞滿麵包、乾豆和玉米粒，餓了就吃。在出遠門的時候，我們努比亞人一定會帶著它……」

當我在臨行道別先回市區旅館整理寄放行李時，他們為了我的即將遠遊，特別把皮簍當成禮物送給我。穆罕默德用生硬的英語娓娓道來皮簍的用途，我則把玩再三，愛不釋手，決心像他們一樣，離開路克索的時候一定也要跨肩揹在背上——這就成為現在我拎著行李，站在這裡等他們來送行，卻一直被熙來攘往的人群偷偷訕笑的主因。我知道自己再怎麼學，也不會變成一個努比亞稱職的好牧人，即便我有幸做了十天尼羅河谷的農夫。

早上，我們沿著路克索尼羅河床東側狹小的綠洲，穿越過小渠與甘蔗田，我學他穿上白袍，依照埃及南方的習俗側著坐在毛驢上，用手杖把整批美利奴羊群趕過成排的楊柳樹林，進到一片剛收割後的玉米田放牧。下午，在漫天風沙裡，我們爬上綑滿高堆乾草的牛車上小睡片刻。當他的大伯趕牛起動前行時，我們又搖搖晃晃深陷在暖和的草床裡，一起躲避沙塵、享受烈日、閱讀藍天、勾畫白雲，或坐或臥，顧著草堆也顧著我們兩顆貪玩的心。到了傍晚，羊群入欄了、乾草也送完了，搬妥擠好的羊奶、餵飽牛驢，正是我們跳到河渠裡洗衣、沐浴和游泳的時刻，藍白尼羅河在遠方匯聚，正引來最甘甜的清泉任我們揮霍。夜裡，油燈下用手抓著吃完晚餐，洗收好碟盤，教他唸英文，跟他媽媽比手劃腳，然後看他們母子朝向麥加聖城方向誦經晚禱，接著就全家席地而眠。就是這麼簡簡單單的十天，讓我永生難忘。

「他們不會來了……還是，他們早就來了呢？」我自言自語。

因為鮮活流轉的記憶早將他們帶到我的身邊，不然我怎麼會一直隱約聽到，身旁的腳踏車輪盡在顛動流轉著鈴鐺的聲響？原來，穆罕默德要為我遠行的皮簍加上的鈴鐺，也早已經繫在我的心頭了。老汽笛的聲音催促再三，他們的確不會來了。現在所有小村的回憶，都被我一起裝進背上的皮簍裡，展帆遠颺的我也必須即刻把自己裝進路克索北上開羅的火車車廂裡。

「在出遠門的時候，我們努比亞人一定會帶著它……」我學穆罕默德反覆輕聲唸著。

對！遠行帶著它，不就等於也帶著你們一起同行了嗎？想到這裡我不再遺憾，火車緩緩起步，我的心情才慢慢平靜下來。從老舊的車窗望去月台依然是身影晃動、人聲雜沓。火車正準備開始加速啟動駛離月台了，我才猛然發現就在另一側的月台上，怎麼站著兩個熟悉的人——那不就是……穆罕默德跟他的母親嗎？我顧不得鄰座還沒坐定，整個身軀霸占著窗台，發狂似地用力拉下車窗，向車廂外伸出了大半個頭和一隻手，並且朝他們死命大吼：

「穆罕默德！」

沒想到埃及有五分之四以上的男人都叫「穆罕默德」，至少平常都要把自己和父親、祖父的名字依照習俗排列在一起時，總會有一代叫做「穆罕默德」；難怪滿月台的人都在看我。這也好，把他們母子的眼光也引來了。原來他們是跟一般當地民眾一樣，從後站欄杆偷票免費鑽進月台，所以跟我等待他們的地方剛好相反；隔著方才停靠的這輛火車，又誰也看不到誰。現在可好了，兩邊都還在幫對方找失約的理由來安慰自己，偏偏火車發動，真正要遠行時才發現了對方，真是造化弄人。我繼續用英文重複地喊：

「再見！我愛你們……再見！我愛你們……」

只見身手矯健的穆罕默德，竟是隔著鐵軌在另一頭追著我的火車跑，但哪裡追得上，更何況他們還是在對面的月台上。但是，他一面跑、一面把右手拿的鈴鐺和花布包捧著高高的在搖晃，好像是要送給我帶走的一袋不知什麼東西。火車沒有辦法像小村的牛車那樣，說走就走、要停就停，還可以隨時在行進間跳上跳下；現在的速度愈來愈快，路克索的月台就這樣被遠遠拋在身後。

一句「埃及真美」為我贏來滿車友誼

轉身坐定，抬頭一看，現在不是全月台，而是整個車廂的「穆罕默德」都在看我，鄉下人一張張質樸的臉，愣愣地盯著我這全車廂唯一的外國人看。當然，在他們眼中，我也是那個在車站裡唯一喊到聲嘶力竭，跟朋友用這麼轟轟烈烈方式告別的乘客。低下頭去，我為自己一分鐘前的失態不好意思，但也就此下定了未來三年後我重回努比亞訪友的決心。

「努比亞人的世界裡啊！單調無聊到只有五件東西：烈日、黃沙、毛驢、白袍和手杖。」

當我乘著火車，從埃及的首都開羅南下時，耳邊就不斷傳來北方的下埃及人，對於居住在南方上埃及與蘇丹交界的努比亞人近乎輕蔑鄙視的看法。對於這個我正要再次造訪的地方，他們毫不保留下了狠狠的評語，表情十分冷淡，也有些嘲諷。相較於他們對我一路上的熱忱協助和好奇探詢，簡直無法聯想在一起。

我坐在靠窗的位置，也許是頭歪著朝向他們聽了太久，或是腦海裡為了那句話，突然湧進了三年前住在路克索努比亞人小村裡的美好記憶。霎時我只管把自己僵硬的頭，扭轉向車窗外一大片尼羅河的沖積谷地。

「真是美麗又遼闊啊！」一名才對我高談闊論的胖乘客忽然冒出這句話。

我一定是無意間連帶地把車廂裡所有的目光，全都帶向了車廂外寬廣開闊的視野，不然怎麼會聽到他們忍不住對自己早已熟悉得不能再熟悉的鄉土，半說半問發出如此多情的詠嘆！我盯著尼羅河水的表情，必定帶著一種淺淺驚豔的微笑，還有一雙映著波光的柔情雙眼，才讓他們立刻從嘲弄自己同國異族的同胞之餘，隨即又換上另一種角度的溫柔。

「對不對？我們埃及真是美啊？」他們異口同聲問我。

「是啊！埃及真美！所以我才會在離去三年後，又回到了埃及！」我說。

為了我隨口的答案，整個車廂裡的笑聲好像嬰孩般甜美。我和這群素昧平生的埃及乘客巧合同行，又坐在同一個火車車廂裡，分享了一種由於距離遙隔而產生的美感。我們也試著展讀彼此的眼神，學習從別人的心靈世界中再一次出發，重新看看周遭原本熟悉的世界。這次旅行彷彿不必在意陌生或熟悉，只是輕鬆地用探望老朋友的心情認識新朋友。

笑聲還沒有停止，火車倒一站一站的疾駛而過。逐漸地，河渠農田變成了黃沙漠野。為了我那句回答「埃及真美」，乘客一群接著一群次第莞爾輕笑，就如同靠站時乘客們自然順暢地上下火車般自動流轉著。我猜想：一定是旁邊幾位熟諳英語的埃及人把我們的對話，翻成阿拉伯土語，再像個火車廂，一節又一節地把一名自助旅行者對埃及的美好印象傳遞出去。每當笑聲隨著火車的行進節奏又傳回來時，我知道我們的對話仍然被大家漣漪式的擴散傳播著，心底總會輕輕暖起來。想像如果別人也對於我所生長的土地這樣讚美，我一定也會很高興的。

貧窮鄉野角落裡的靈魂微光

車廂在晃動中從白天到黑夜，又從黑夜變成白天，我幾乎忘記大伙兒是在什麼時候停止談話，又是在什麼時候都沉沉睡去。只知道當我們惺忪的睡眼乍醒相對的一刻，每雙眼睛都向我投來燦爛的微笑，一如窗外灑滿旭日金光的沙漠。大概僅剩下肥碩的阿里・穆罕默德・阿里先生還沒有醒吧！他就是剛才首先提出埃及美不美這個問題，讓我的回答無形中拉近與全車人距離的那個人。他竟然用他的大屁股靠在兩椅座對向間倚窗的小茶杯架上，這樣晃動著肥頭大耳也能呼呼入睡，完全不在意自己的身軀早被窗架隔成左右兩大半，任憑背後的撒哈拉烈日將他身上成噸的肥油烤得吱喳作響。

趁著鄰座去洗手間盥洗空出位子之際，我故意斜側伸躺到走道邊的手把上，拿出傻瓜相機想要記錄下阿里這一幕生動又令人發噱的趣味影像。等到我調整好身體角度位置與目光焦距時，才發現他飽滿的身軀襯著一圈清晰又昏眩的光芒，刺眼到不能正視。這是我兩次來到古文明國埃及，卻第一次如此用心看一個平凡的老百姓。何嘗不是呢！我只知道他們是一群每天早午晚各向麥加聖城朝拜五次的遜尼派回教徒，每個人的名字中，一定會加上父親及祖父的名字，一長串重複又重複，而且幾乎滿街男人不是叫作阿里，就是穆罕默德。除此之外，我還知道什麼呢？當我的旅遊行程又延伸到另一個國度，當我的頭銜又增添了別的榮譽符號時，我還記得他們多少呢？

眼前的阿里還在酣睡，看他腦滿肥腸、凸腹臃腫，身上暗灰色的大袍上，可以清晰數出歲月堆積的縫線補丁，還有歷年吃喝遺留的汙穢油漬，整件袍子簡直就像是阿里的「日記本」——一本埃及的「人生日記本」，正赤裸而真實地告訴我這個陌生人的一切：他窮困拮据的過去、現在與未來。

今天早上的太陽怎麼回事兒？竟把車窗照得像個實驗室裡的解剖台一樣，只見阿里成了一隻貼靠在生物實驗玻璃板上的大青蛙，毫無保留地流露出一種……比昨夜他自己口中所瞧不起的那些所謂南方土著努比亞人，還要清貧單調又乏味的線索。媽媽，我們每一個人是否都像他這般矛盾，不能滿足現況的時候，總會找些東西來愛，也找些東西來恨。

就先看看阿里先生的左手吧！

他怎麼如此突兀地撐到了我內側椅把子扶手上的窗台邊，讓人不禁懷疑他那肥厚多汁的手掌這樣亂擺，會不會扭傷了他的虎背熊腰？真搞不懂這名埃及老兄怎麼會擺出這種滑稽可笑又荒唐的睡姿？我實在看得太入神了，鄰座的青年已經回來，在一旁等候入座多時我都不知道，甚至連快門都忘了按。只好自討沒趣地想：就當是阿里太胖，所以塞不進我不夠寬容廣角的鏡頭吧！傻笑一下，快速縮回自己靠窗的位子。正不知自己到底在做什麼的當下，頭才擺回窗前，老車廂突然猛一陣顛動擺盪，我的頭就慣性撞上……不是窗邊硬邦邦的木框，而是，阿里先生的手。原來，就是這個（才被我暗地取笑）的身軀，伸出的這一隻（也曾被我暗地取笑）的肥手，照顧了我一夜嗎？

我的心情，在火車抵達路克索車站的整個白天裡，一直這樣反覆翻騰著。因為我怎麼會用他們取笑努比亞人的主觀想法，不經意地也取笑了他們。或許我們這一生真的稍一閃失，就會忘記許多不該疏忽的事。生命耐力與韌性都極強的努比亞人，鎮守著埃及最苦旱的南疆，卻分配享用最有限的資源，一如買不起座位的阿里先生，卻願意伸出他那不怕碰撞的肥手，一路為我撐擋；他們的本質都如此善美，不該被忽略歧視。更何況，我這大老遠跑來的外國人，居然有幸穿梭於他們之間，還得到過兩邊人民如此真誠的關愛，我怎能不以擁有這樣的幸福為榮，也以他們高貴的靈魂為傲——即使他們都悄悄隱藏在一個個貧窮落後的鄉野角落裡。

剩下的行程中，我們的話並不多，但是阿里睡睡醒醒的神態卻一直抓住我的目光。經過漫長的旅途，火車終於抵達埃及南方第一大城路克索，也是我的終點站。揮別同車廂繼續南下亞斯文與阿布辛貝爾的乘客與阿里先生，我像是個大夢初醒的孩子，抱著放暑假的心情對自己說：

「我總算重回到努比亞人的家鄉，可以再次探望三年前那個沿著灌溉河渠蜿蜒錯落的小村囉！」

尋找魂牽夢繫的哈貝爾

天色已然昏黃，夕陽西沉，暮光正從尼羅河西岸的死亡之城「帝王谷」與「帝后谷」灑向河流東岸的城市，古老懸疑的詛咒，在這裡依然盤據著埃及人深信不疑的心頭。徒步走到供奉天神阿孟的「卡納克神殿」外的廣場上，我試圖問每一個搶拉生意的計程車司機，居然沒有人聽過我說要去的「哈伯」小村。他們一大群人圍著我，聽我愈講愈急。我用盡所有最簡單的英文單字描述這個地方：

「就是有一大片蔗田，還有許多努比亞人和毛驢……也有許多孩子跳入溝渠中戲水的地方……」

他們異口同聲告訴我，在阿拉伯文中意思為「宮殿」的「路克索」，除了一大堆古蹟和宮殿以外，全部都是像我口中所說這樣子的地方。他們真的沒聽過哪裡有什麼哈伯村。

我只有使出最後殺手鐧，從背包翻出當年穆罕默德曾用扭扭曲曲的拉丁字母寫給我的字條給他們看，再一個字母又一個字母拼出「Habel」。沒想到不拿給他們還好，一看才知道他們正正反反都拿不對，原來路克索的計程車司機們多為文盲，除了為唸古蘭經所學的一點簡易阿拉伯字母以外，外文全都不認識。

站在神殿前，這一刻我的心頭亂亂紛紛擔心著急不知所措，身後那兩整排壯觀的「獅身羊面像」包夾著入口甬道，愈看愈深遂，愈看愈覺遙不可及。難道三年前的「哈伯村」也和「卡納克神殿」裡相傳連結著「路克索古廟」的兩頭運河一般，全消失到無影無蹤了嗎？

「啊！哈貝爾！」

正當此時，一名司機興奮地跑過來到我跟前說。

我這才恍然大悟，由於自己發音的錯誤，差點害我回不去那個小村。誰教他們窮鄉僻壤中既沒有電話也沒有地址，三年來我只有這張紙條，上面手寫著小村和男孩的名字——穆罕默德．穆斯塔發．阿里。那年他才十四歲，我們是在阿布辛貝爾的沙漠駝集中認識的。我送給他一枝原子筆，他和大伯趕完集就跑到我位於路克索火車站右側的小旅舍中找我，帶我去他們的村子採玉米、砍甘蔗、騎毛驢、游水渠，一住就是十天，我連旅館都不要了，只把大件托運行李寄在櫃檯。我在十天後離去，一眨眼已經是三年後。我曾經試著給他們寄去信件和照片，並沒有得到任何回音，一千個日子之後答案將在今天揭曉，到底是個新的「起點」抑或是個「句點」。

從台灣飛到埃及，又從開羅搭火車到路克索的一路上，我任憑記憶自由自在地流竄，反正它們早就像海浪潮汐一般，把我的心情捲回到這個努比亞人的小村。不管到底是「哈伯」還是「哈貝爾」，我一直魂牽夢繫，甚至從他的母親、大伯、弟妹、鄰居，一直想到他們家固執的小毛驢是不是做爸爸了？他們家寵愛的老山羊是不是還會來蹭角撒嬌？玉米收割後是不是又曬滿在院子的土牆下，像黃海一樣遼闊？對了，還有他母親的炸鮮魚和炒切豆，襯著暮色一定飄香傳到蔗田那裡……

「沒有地址這樣找人真是麻煩，才算你三十塊錢，實在是太虧……」

我坐上計程車，小車司機一面開進哈貝爾村，一面嘀咕抱怨著。我們只好遇到每一個村民都問他們認不認識「穆罕默德．穆斯塔發．阿里」，我以為講出全名容易辨認，偏偏如此組合起來的名字，這兒也有好幾籮筐的人。好不容易問到一位老村長，總算知道我敘述的人，也知道他的爸爸早逝、媽媽守寡，偶爾幫大伯家裡打點零工的男孩。透過司機斷簡殘篇的翻譯，他斬釘截鐵地告訴我：

「去年埃及路克索一帶發生地震，震度雖然不怎麼強，古跡神殿都沒事，反倒村裡的泥磚土房卻震倒了幾十幢。穆罕默德．穆斯塔發．阿里的家也全給毀了。於是他和媽媽、弟弟妹妹只有乘著驢車載走僅剩的家當，搬移到更南方投靠親戚家，下落不明……」

聽到這裡我整個人都傻了。不得不為自己所演的這一齣近乎沙特「荒謬劇」般的胡鬧結局慨嘆，甚至對自己莽撞造訪卻得到這樣的下場頗感自責。

誰教我一直無法回答台灣朋友問我：

「你又去埃及幹嘛？」

也無法回答開羅的朋友問我：

「你又去路克索幹嘛？」

就像剛剛我也無法回答路克索的司機問我：

「你又去哈貝爾村幹嘛？」

現在我更無法回答已經來到哈貝爾村的自己，正荒謬地反問我自己：

「你還在這裡幹嘛？」

我能冠冕堂皇地說因為我熱愛埃及悠久的歷史文化、熱愛南方壯麗的沙漠風光、熱愛路克索神奇的宮殿古廟嗎？還是就說出自己在下行列車裡敷衍乘客詢問的那句客套話：

「是啊！埃及真美！所以我才會在離去三年後，又回到了埃及！」

其實，我只是最懷念努比亞哈貝爾人小村裡那種和樂的氣氛，或者說得更具體一點，就是從跟努比亞人初相識那一刻，他們所遞上的那杯蘇丹洛神紅花茶開始，我的心就已經懸宕在這裡了。

「阿拉阿卡巴，阿拉以拉拉……」

計程車司機聽聞悠揚的吟誦聲立刻煞車停住，司機下車朝向正東邊麥加聖城的方向開始膜拜默禱，也暫且冰封住我此刻無言以對的尷尬無奈。居然連這麼個百人不到的小村子裡也有自己的清真寺，古里局尖塔中傳來了誦唸古蘭經的吟唱，同時夾雜著擴音器提醒村民晚禱的聲響。我像是在睡美人王國宮廷大院中唯一旁觀清醒的人，默默看著司機和村民們整齊劃一的熟稔動作，整個哈貝爾村都屏氣凝神，停下了所有的活動在朝拜禱告。其實，他們才是真正清醒的人，旁觀著我此前莽撞焦躁的舉措，盡在自己的象牙塔睡夢中追逐尋找著自己的夢，又為了重溫一種難以言喻的夢，而重回到埃及努比亞。

螢火蟲在我身邊飛來飛去，耕罷暮歸的大黃牛則正用牠細長的敧角搓擠粗大的樹幹，偶爾還會伸長舌頭偷食幾把甘蔗嫩葉。這當下的時空裡，我們正一起揮霍度過所有哈貝爾村民的祈禱空檔，不過心中又不免同樣投機地在期待著些什麼。這次祈禱的十分鐘竟然如此漫長，眼看螢火蟲已經若隱若現地飛入蔗田，彷彿恍恍惚惚點亮了一道思緒的回鄉之路。這是重回埃及努比亞人的故鄉？還是重回我在台灣台北的故鄉呢？或者都是，也都不是。

我忍不住笑出了聲。

原來這一路上我在逐夢、尋夢的目標，根本就是重回一個自己心靈夢土的原鄉、一份溫柔敦厚的情懷、一次安身立命的體悟，以便在面對未來人世一切悲歡離合的時候，都還能溫存一種敦厚的感動。就像每個穿戴著白袍巾的努比亞人，不論走到哪裡，手上一定緊握著的那支木杖，他們即使知道沙漠裡沒有水，卻一定永懷希望，總要隨時隨地都用那根杖子去試試看戳一下旱地。揮霍不盡的黃沙下，必然曾經因為這樣永不止歇的嘗試與堅定不疑的信念，就在牧杖戳地的當下湧出過人們引領期盼的甘泉，不然哈貝爾村的甘蔗、玉米也不可能堆成了海。

▲努比亞人永遠都拿著代表希望的手杖。

▲埃及沙漠的駱駝市集讓我熟識了一個小家庭。

至於我，現在直到這一刻，也沒有再遇到應該已經十七歲的穆罕默德·穆斯塔發·阿里，但是單單台灣到埃及、開羅到路克索，再由路克索到哈貝爾村的路上似乎已經足夠了。足夠的是我終於學會做一個努比亞好牧人與好農夫，因為他們在上次送我遠行的皮囊裡面，必定藏了一支像孫悟空金箍棒那樣可以伸縮自如的隱形木杖——不但讓我學會了他們永不放棄嘗試的信念與勇氣，自己會再跑回哈貝爾村；也讓我今生今世都因著傳承，領略到這種高貴靈魂的美德而受用不盡。

漫漫天涯路，這次再來埃及重回努比亞的一路上，我清晰想起了所有小村子裡人情世故的點滴景象，完全好像自己又溫存地親身經歷了一次。我甚至就像坐在那裡，看著地震後他們母子悲愴離去哈貝爾村遠行的情景，因為他們的背上一定揹著與我同樣的皮囊，手上一定握著代表勇於嘗試、永保希望信念的木杖。

原來歷經歲月篩洗沉澱後，自己人生所想保有的溫存一

▲雖然沒有找到思念的老友，但是我已經重溫了留白的美感。

▲埃及村裡的孩子像群可愛的小精靈圍著我，姊姊抱著妹妹還擋到了自己的臉。

直都沒有消失過，甚至，今生裡他們和我其實都再也沒有離開過哈貝爾村，因為留白的美感滋生了彼此生生不息的思念與真情。就像穆罕默德．穆斯塔發．阿里稚嫩的嘴角上新冒出的鬍鬚，還有哈貝爾村舍矮屋頂上曝曬的麵包，它們永遠都會如同用努比亞手杖戳出的沙漠甘泉一樣循環不絕、生生不息。

「還要繼續找嗎？」司機在祈禱完之後，轉過身鎮定又嚴肅地問我。

「不必！可以走了。」

「因為，我早就找到了！」我說。

06 六月格陵蘭

北極影舞者，愛斯基摩夢幻的冰雪奇緣

親愛的媽媽：

記得我問過您，為什麼有人住在冰天雪地的北極圈裡？他們為什麼要住在那麼冷的地方呢？幾年來，北極的磁場就像吸鐵一樣，一直把我吸引到阿拉斯加（Alaska）、西伯利亞（Siberia）和格陵蘭（Greenland）。最近這幾次的記憶就是這麼不一樣，也讓我找到了答案，現在就跟您訴說。

被北美洲先住民（First Nation）印地安人（Indians）稱呼為「吃生肉民族」的愛斯基摩人（Eskimo），在當地自稱為因紐特人（Inuit）。他們一點也不會因為冰天雪地的苦寒荒涼而悲情寂寞，原來老天爺眷顧，給了他們整年欣賞不完的「大自然光影秀」：夏天有不會落地的嬌豔太陽、冬天有滿布蒼穹的美幻極光。我戀上的正是愛斯基摩在這些明媚光影下舞動的優雅身影。

面對當時隆冬零下二、三十度低溫的無情侵襲，我從美國阿拉斯加費爾班克（Fairbank）到加拿大的育空地區（Yukon）白馬市（White Horse），一路上得到了愛斯基摩民眾盛情好客的款待。一方面是他們一年難得見到幾位遠來的外地人，另一方面是我這一個跟他們素昧平生的老外，又偏偏跟他們長得很像。也許，還有一個因素，那就是一連幾晚的北極光實在太美了！

我們坐在以成塊冰雪堆成的傳統圓頂伊格魯雪屋（igloo）前，幾乎整夜都在那裡情不自禁地尖叫。畢竟，突如其來變幻莫測的極光美侖美奐，恣意飛旋奔騰，把兩萬五千平方公里的極地星空流洩揮灑成為磅礡氣勢的巨大畫布——

綠色、藍色、紫色、紅色，紛紛來自於一束束太陽表面彈射過來的高速帶電粒子，重重撞擊上地球大氣層的氮氬氧等不同元素，迸發形成不同顏色的夢幻光束，進而瞬間成就了滿天無聲的焰火。處處驚豔、讚嘆不已。

這極區表面上看似冰天雪地一無所有的虛「空」，竟然蘊涵深藏著絕妙豐美的萬「有」。

正是為了這份深植於我心底的感動，同年中的盛暑仲夏，我又想跑去看看北極圈另一頭的格陵蘭，大自然的巧思慧心，會在另一個季節裡匠心獨運安排什麼怡情賞心的節目呢？媽媽，一開始我真是興致勃勃，從當時留學的英國，繳交了所費不貲的錢報名參加當地公司所組成的旅行團；然而這一路上顯然沒有我之前一個人的自助旅行那般順利。

誰說愛斯基摩人冷漠？他們只是害羞啦！

首先，那天飛機從冰島首都雷克雅維克飛到丹麥屬地格陵蘭東南邊的克魯蘇，下機之後大家才發現，還要再自行徒步，才能到四、五十分鐘至一個多小時路程之外的愛斯基摩小漁村。當飛機一降落在極其狹小簡陋的機場時，同行的英國旅客已經流露出些許不悅的神情。等到全體徒步跌跌撞撞抵達小漁村聚落之際，竟然發現所有的村民就像約定好似地全躲進屋內，門戶深鎖，只留下屋外拴住的一排排哈士奇北極犬，成群對著我們狂吠。這時那些英格蘭的紳士淑女，再也按耐不住脾氣秒變為足球暴民，板臉的板臉、嘀咕的嘀咕、開罵的開罵、踢雪的踢雪……

「這是什麼意思啊？我們大老遠跑來，愛斯基摩人也不出來歡迎一下，唱個北極歌還是跳個迎賓舞什麼的，也給咱們表演表演啊！」

「這裡什麼都沒有！我還不如回倫敦打開家裡冰箱的冷藏庫去看，那裡至少還有點雞鴨魚肉，哪像這裡單調無聊到除了冰雪還是只有冰雪！」

說著說著，有好幾位旅客頭也不回的立刻折回機場，原來預定在此地停留的兩個小時對於他們而言，真是一秒鐘也不想多待下去。甭說同行的英國高貴旅客了，我自己的心裡何嘗不是一樣在淌著鮮血呢！因為，我把留學拮据的生活費挹注在這一次夏日北極之旅，眼看血本無歸亦將一無所獲，怎麼壓抑得了心裡的懊惱無奈啊！

眼看三三兩兩的同團旅客不消十五分鐘幾乎全部走光了，就剩我這個唯一的東方人盤腿坐在冰雪大地上，前方是廣寒冰帽一望無際，後面則是那些有如醃漬封藏在一個個白色雪屋醬缸裡不肯出來的愛斯基摩人。我默默盤算剩下的一小時四十五分鐘自己該何去何從，再怎麼說我也不甘心草草收場、悻悻然離去。我的「內在心境」正僵持在該留抑或該走的拉鋸，確實「外在處境」也隱約僵持糾結著另一種不同民族、不同文化、不同生活環境落差下的隔閡衝突。

狗群還是賣力吼叫令人心神不寧，煩躁到就快想要「Let it go」算了吧！何苦執著！冬天的這裡應該也有奇幻北極光；不過身處當前夏天的北極，太陽公公是不會下山的，即便到了半夜兩、三點還是豔陽高照，何況現在才漸進正午，早已曝曬得我頭昏腦脹。我有一種錯覺，那就是自己早就變成一把連醬缸都淘汰丟棄的發黴臭酸菜，盡是自慚形穢地被孤獨晾曬在日不落的北極圈裡，周遭那些同樣日不落的大英子民走光後，真的只剩我一人孤單留守，卻連狗都懶得來聞聞我。

我並不知道這個當下，愛斯基摩村民其實都躲在他們各

▲北極冬天的極光夢幻絕美。

自的屋裡默默偷看著我。他們心裡一定這麼嘀咕唸著：「討厭鬼！討厭鬼！大家都滾了，你愣頭愣腦地怎麼還不離開？」

我就是不願意離開、不甘心離開，起碼為了抵償我花費的鈔票呀！再轉頭瞧瞧躁動不安的狗群，哇！真多呀！一隻隻長得活像兇猛的北地大野狼，長長的臉上有些犬隻竟然還被胡亂鑲著兩隻不同顏色的眼珠子，怪嚇唬人的。因為我實在太無聊了，也不曉得哪裡來的勇氣，自個兒決定去摸摸狗群；當然我會先把腳上穿著厚重的雪靴伸過去，心想就算被牠們咬也就啃著鞋底不礙事的。沒想到牠們溫馴熱情地舔起我的大皮鞋，教我索性整個人都湊了過去，忍不住不去跟每一家門口那七八條可愛的北極犬玩。原來牠們跟牠們的主人一樣都是害羞又溫順的，不一會狗兒們已經把我滿頭滿臉全舔到都是黏答答的口水。

一片冰心在玉壺，戀上愛斯基摩人

我竟然就靠這樣，無意間得到了所有村民的接納——他們大概都在想：我的狗喜歡這個楞小子，那麼他應該比較不像外面那些人那麼討厭；他喜歡我的狗，那麼一定也會喜歡我的。緊接著，我發現先是一兩個愛斯基摩村民慢慢走出屋外來鏟雪給他們的狗吃；等到我示意可否加入幫忙鏟雪幹活兒的行列，全村的民眾已經陸續都跑了出來。他們笑起來的眼睛被不落地的豔陽曬緃成一條線，就在高高低低的房舍邊看著我。

剛開始只有小朋友圍過來，拉著我又蹦又跳攀爬上浮冰。面對大冰原遼闊又略微刺眼的景致，只見極地太陽把我們跳躍在浮冰間的身影都一一鑲繡著金邊，再映到潔白的冰雪上，簡直就跟灑在地表的北極光一般，美極了！接著大人把我拉進他們的圓屋裡嚐幾口新鮮的海豹肉，也給我看他們的編藝彩珠以及精細雕刻的魚骨鯨牙等等別致的傳統文物。最後全村乾脆在冰河上扛出大圓皮毯帶著我一起拉緊撐開，我們就這麼站上毯心蹦擊彈跳又歌唱舞蹈，歡樂無比。伴著北極熊胃膜做的愛斯基摩大鼙鼓打出由遠至近、自輕而重的幻妙節拍，我看到每個人的輪廓都繽紛鑲嵌著一個紅日璀璨的身影。我真想把人生的這一剎那永久封存，因為每一個愛斯基摩舞者的身影都鑲上了一道有如冰雪奇緣的彩虹，把原本遙隔天南地北的人和心，全部都輕巧編織在一起了。

既然北極的太陽不會落下來，我們就永遠也不必管什麼「玩到天黑了就回家」的說法。此刻的我，不僅僅對於「空間」的隔閡蕩然無存，對於「時間」這檔事我竟然也完全了無罣礙。腦海裡只是一直想著媽媽您曾經教我吟誦過的古老詩句「一片冰心在玉壺」，去回答眼前這些有如遠地鄉親的愛斯基摩人。

我知道在自己的人生旅途上，未來將再一次面臨依依不捨揮別的情誼。特別是眼前的北極，正像一片青綠凍壺中冰清玉潔的天地，而我正環繞在一群冰清玉潔且讓我戀上的愛斯基摩人群之中。

「哇哇哇！慘了！」生命中最大的旅遊災難發生了！

我竟然因為太陽不會下山，忘記時光飛逝。好幾公里外的克魯蘇破爛小機場裡，此刻還有一群跟我同機飛來格陵蘭，正氣急敗壞等著我返程飛走的一大群英國觀光客呀！他們必然臨要起飛才發現獨缺我一個失蹤人口，我真是瘋玩得太不像話了，居然膽敢比原定相約離境時間，足足晚了一個鐘頭還在愛斯基摩漁村裡玩。偏偏他們又比我提早走了至少一小時四十五分鐘之久，現在就算我插翅飛去，可能也改變不了大遲到的恐怖事實。

每一張先前怒目狂批小漁村後，忿忿離去的老鷹（英）面孔此時一一浮現眼前，我終將被他們的憤怒謾罵詛咒凌遲處死……啊呀呀！我旅行這麼多年，從來也沒犯過這麼嚴重且忌諱的錯誤。渾然不知在這極地「空間」，「時間」竟過得特別快呀！

愛斯基摩村民完全不解我臉上的潮紅腥熱，並非來自於我和這群北極「影舞者」一起頂著高輻射日照外加冰雪強烈反光的曝曬；而是因著我耽溺於歡樂，融入極地小漁村後延遲搭機的代價，終於換來此際說也說不清的窘迫懼怕。

媽媽咪呀，我在北冰洋翻船了

他們氣定神閒，繼續拉我去划傳統獨木舟（kayak），慢條斯理細心教我如何保持平衡、如何扭腰躲避浮冰、如何操槳繞過冰山……我猛想回絕，但是看到所有村民如此誠懇認真，連唯一的一艘船和一支槳都幫我備妥。原來愛斯基摩傳統獨木舟就是奧運仿效引進的國際輕艇大賽項目（Canoe），我怎能錯過在起源地大顯身手一番呢！於是，哪還顧得了趕不上飛機，心想反正已經遲到，也不差晚這五分鐘的極地冰洋超級體驗吧！我毫不遲疑火速鑽進獨木舟，不由分說舉起長槳，就迅速左右開攻飛速前行，冰岸邊霎時響起全體村民的鼓掌聲，歡聲雷動。

接著不幸的事情發生了！我這叫作「得意忘形」，立刻發現自己逐漸無法維持平衡，愈急愈快愈是慌亂一團。心想，千萬不能翻船啊！因為不但全身會濕到又冷又嗆，而且方才我急於上舟，壓根沒有依序學習如果翻船怎麼辦？一名選手不知道如何扭體倒轉（Eskimo Roll）去處理獨木舟突發的翻船狀況，就像一名駕駛學會了開車上路加速前進，卻沒人教他怎麼煞車。

果然，媽咪啊！我這一次差點死翹翹。每次旅途中我最不希望發生的事為何都會發生！難道就是所謂的「墨菲定律」？我真的翻船了。岸上傳來慘烈的驚呼尖叫也救不了我，瞬間

▲初次划愛斯基摩獨木舟險些命喪北極冰洋，我翻船全身濕透卻真情相擁。

我已經頭下腳上，整個骨盆到雙腿卡在舟體，像蠶蛹般被緊緊包覆，完全沉沒在北極急冰冷凍的寒水裡，既無法呼吸也動彈不得，像極了一艘海底即將爆炸的潛水艇。我想撐著拖出自己的下半身，卻由於海水的懸漂力，無法固定著力而施展不開；我想把口鼻伸出海面呼吸又距離太遠，還會碰觸到凌亂鋒利的浮冰。我的窘迫懼怕現在已經不再是遲到沒飛機可搭，而是我快要沒氣可吸、沒命可活，馬上就要在愛斯基摩全村面前「死」給他們看的嚴肅問題。

關鍵的最後五秒，我突發奇想把船體扭動撞擊向大塊冰山，再借其反作用力彈震，好使我稍能固定去拖拔出自己卡在舟體的下半身。幾經掙扎，就在我超過兩分半鐘的憋氣極限時，終於成功脫困，簡直嚇掉了半條命！

當我驚魂甫定爬回厚厚冰層堆積的岸上。天啊！村民居然早已被嚇得跑光光，沒人理我！一個人影也不見！真把我給氣炸了！不一會兒，我發現北冰洋裡怎麼冒出一個個水鬼的頭，這才明瞭愛斯基摩村民們並沒有跑掉，他們以為我快窒息淹死在海底，於是全都飛衝跳進北冰洋救我。偏偏那時我正游向岸邊，在海裡，我們彼此互相都沒看見對方。現在，我們都已如釋重負，濕答答地相視大叫，抱在一起嚎啕大哭起來，久久無法停止。

我是這麼感謝他們把我當成親友家人，於是和這群與我素昧平生、天南地北才相遇不久的人，感動到啼哭成一團。接著，我們又瞥見彼此都變成這副狼狽滑稽的落湯雞模樣，大家又破涕大大狂笑起來，在冰上又叫又跳。滿臉的水珠、汗珠、淚珠盡情揮灑在日不落的太陽下，映耀影舞閃動，彷彿用身影記錄著我們在冰雪上曾歷經生死與共的海誓盟約。

不一會兒，哈士奇悍犬車隊的傳統裝備打點齊全、準備就緒，村民打算帶我這位愛斯基摩家族的最新成員，一同啟程深入見識世界第一大島格陵蘭的內陸風貌。看來我已經完全被款待成了在此安家落戶、埋鍋造飯的因紐特土著啦！我由衷感激，繼續濕答答地擁抱他們，還是一面哭又一面笑，全然停不下來。愛斯基摩老老少少、男男女女總是圍著我指指點點，應該是在說我高高的顴骨、細細的眉眼、大大的圓臉，愈看愈覺得我跟他們長得實在相像。雖然話語到目前沒一句能通，每個人卻都堆了滿臉冰天雪地上最富足的笑容。

隨後我好幾次努力比手劃腳，最後他們似乎領略了我的慌張急切到底是為哪樁。終於六條長長的狗拉雪橇隊伍即刻轉向，全速朝向我用雙手所比大飛機模樣的機場方位。至於村民看懂我要表達的關鍵點，推測應該是我不得已誇張模仿那批發怒的英國人，並且用雙手掐住自己的脖子搖晃，連舌頭都吐出來一副快要掛掉的行動劇。哦！我的「冰雪聰明」就在愛斯基摩族人的野戰訓練下，達到了登峰造極之境。

極光影舞者震撼的告別送行陣仗

果不期然，浩浩蕩蕩的狗群雪橇隊伍火速飛奔直抵克魯蘇機場外，我不由分說直接先獨自穿過破房舍，奔跑衝進停機坪。只見飛機引擎早已發動且正在滑行離去，轟隆隆的聲響震耳欲聾。我當然也看到自己的皮箱，活該早給扔了下來，陳屍在停機坪上。緊閉的機艙窗洞裡，每名男女老少乘客全都凶神惡煞瞪著我，天殺地剮一般。他們一定正齊心協力暗自助唸著三字詛咒：

You are dead! 你死定！

不料，愛斯基摩村民看我一個勁地往裡面跑，一頭霧水；又擔心我一直沒有再出來，會不會像方才划船那樣遭遇不測？媽媽，都怪我方才的默劇表演實在太逼真傳神又驚悚了！他們大概猜想我這位家族新成員可能遭遇類似 ISIS 伊斯蘭國砍頭處決人質的性命生死交關……

▲格陵蘭的愛斯基摩民族用北極熊胃膜蕈鼓敲出動人的節奏。

▲愛斯基摩人與我語言不通卻在短暫相遇之中，情繫天地銘感五內。

只見說時遲那時快，就跟上演「摩西出埃及記」一樣，悍犬車隊全速如橫渡紅海般衝入停機坪展開即刻救援。愛斯基摩犬一共六條車隊包抄機場左右兩翼，突然如千軍萬馬超速甩尾直搗停機坪冰原跑道，嚇得駕駛立即關閉飛機引擎，任憑四十八隻北極犬的叫聲震耳欲聾。

二、三十個村民在我身後如奧運後援會般一字排開，看得滿機艙裡的人目瞪口呆，久久不能自已！他們複雜的心緒，單從前倨後恭的剎那表情變換任誰都看得懂——喲！這是怎麼啦，分明是個東方人，怎麼現在搖身一變，成了個想趕搭春運返鄉班機的愛斯基摩人，還一路盡喬裝自己是個優雅的英國遊客！不不！他既已返抵老家，又再來趕搭這一年才一班的包機回英格蘭又要幹嘛呢？

機艙門打開了，登機的梯子緩緩放下來。

這時所有村民才明瞭原來是「我要走了」，當下情境讓我覺得時空錯亂，自己簡直像正要搭乘飛碟返回宇宙太空的「外星人」，還不知道自己應該如何跟這群語言不通的愛斯基摩「地球人」道別。他們原本一定以為我要永遠住在這裡啦！所以忙著教我划舟駕車，再熟悉親炙他們覆滿冰雪的母親大地。

我萬分責備自己一直說也說不清、比也比不好，連一句因紐特語都還來不及學，就得當著滿飛機乘客面前，上演這場告別重頭戲。此刻我方才那些靈活生動的演技全都敗壞崩解，山窮水盡無從揮灑，只會杵在那邊哭，一直哭，一直哭。

悠遠的鼙鼓聲響起！

愛斯基摩「影舞者」們手拿圓扁大鼓左搖右晃、甩頭抬腿，重新為我擺動起剛剛歡聚在村子裡的歌聲樂舞，仲夏北極圈裡不下山的太陽，又一次把我們交錯的身影鑲上金邊，融疊投射在冰清玉潔的雪地上。我拎起自己的皮箱也當成鼓，學習他們扭頭搖擺下臂的三拍節奏，以迴旋纏繞式的交錯舞步跟每一位村民四目相對無語告別。不用排練跳完一整圈後，緊接著就在他們全體環繞著我的舞步簇擁中，一步步還是三拍三拍拾級登梯，真像西施點踏在館娃宮的音階巧梯上，正為吳王夫差翩翩起舞。我的眼睛餘光看到之前抱怨沒有機會欣賞愛斯基摩民俗舞蹈的英國乘客們，現在忙著透過機艙玻璃猛按相機快門一償宿願；當然他們早已心照不宣，完全理解我的遲到是來自一份什麼樣的溫暖人情，如此魂牽夢繫的纏絆著我遲緩凝滯無法離去的腳步。

飛機正副駕駛在前艙裡轉頭舉手向我敬禮致意，全體乘客還爆出熱烈掌聲，倒是連他們也看著哭成一團，他們一定從未在起飛前經歷過如此這般澎湃激昂的告別送行陣仗。尤其是對於一個遺世獨立、害羞又沉默的愛斯基摩族村民來說，更加難能可貴，不然他們也不可能耐得住寂寞，遺世獨居如此偏僻遙遠又苦寒冰凍的北極圈裡。

現在機艙裡充滿祥和的氣息，大家看我的眼神是尊敬是羨慕，也多少是懊惱，他們早先嘔氣提前離去，而跟這群日不落夏天的愛斯基摩子民失之交臂；不然，這等風光矚目的景象，應該專屬於同樣曾是日不落王朝的大英帝國子民。現在，沒有人講話，異常安靜，他們像是一群暴亂群毆後喘息脆弱的英國足球迷，每個人都還緊盯著機身下方這群翩翩起舞的極光影舞者。那絕不同於一般應景的商業表演，確實讓飛機上每一名乘客怡然陶醉神往。何妨就當成是為了他們自己而正上演的一齣人生大戲……

至於這一刻的我，心裡真的有一個裝滿純潔冰心的玉壺，晃晃蕩蕩攪翻了五味雜陳的情緒。飛機引擎聲重啟大作，我目睹他們舞動的身影仍像鼓聲一般由近而遠、由重而輕，一直到完全消失在嶙峋矗立的億萬年大冰川上空。

媽媽，這就是我要告訴您來自北極的故事。我此生將永遠記得這短暫卻極其永恆的生命交會，一個真正用北極陽光鐫刻鏤雕在我們身影和心靈上的一紙冰雪奇緣。

07 二月北極

海豹找媽媽，滿天極光星星對著我們笑

親愛的媽媽：

今天好冷，可是我必須從溫暖的被窩裡爬起，趕上唯一一班清晨七點出發的直升機，去尋找可以降落健行的浮冰，不然我來到加拿大聖羅倫斯灣一路進到北極圈的旅行將有所缺憾。記得我答應過您，一定要幫您從空中鳥瞰整個漂浮在北冰洋上壯闊的北極冰原。其實原本不想讓您知道，今早已經是我連續第五天，半夜裸身衝入浴室直接在身上澆灌冰水的鍛鍊，這一切都是為了今天將獨自在冰原上徒步健行的考驗。

啊！實在太美啦！眼下這片雪白的平原冰帽，完全撐開了我在機側被強風刺痛的雙眼。從來沒有目睹過這樣淨美的白色、清純的豔彩。駕駛員小心翼翼把直升機順著風勢盤旋降落在開闊無邊的冰原上，我終於踏上了嶙峋厚實的大冰帽。怎麼也想像不出來，它竟是一整片

▲等待媽媽從冰洞裡跳上來餵奶的小海豹爬到了我的身上，要我幫牠找媽媽。

▲我和北極浮冰上剛出生的小海豹，還有牠在冰洞下大海裡覓食的媽媽，有一段值得珍藏的故事。

超級巨大的冰塊，漂浮在北極海上。

我揹著冰鋤、拄著冰杖開始無目標地前進，謹記駕駛員再三交代的約定：下午五點前必須在冰原上拉開鮮紅色的束帶，讓他辨識我的位置，以便把我再接回基地營。

我走著走著，媽媽，其實我好害怕啊！

當我眼前最美的白色，走了五分鐘後還是白色，走了五十分鐘後依然是白色……已經讓我幾乎產生恐懼的雪盲，完全分不清方向。什麼南天北地、東風西水、瞻前顧後、忽上墜下……全都像白色的龍捲風讓我目眩神迷、躊躇恍惚。

遇見海豹寶寶

突然間，寂靜的冰原上傳來尖銳幼嫩的啼叫聲。當我以為自己是不是暈頭轉向產生的錯覺，居然就隱約看到不遠處，真有一隻純白皮毛中閃耀微微金黃光澤的小海豹。哇！牠應該才剛剛出生不久，冰上還留著媽媽才分娩的血跡，清晰可見。這讓我精神為之一振，輕輕緩緩地走近牠，仔細觀察牠的反應，既不想嚇到牠，也不想被牠嚇到。我停下來，牠繼續叫，而且我確定牠在對著我叫，甚至已經扭動著小小身軀向我爬來。也許因為我是牠除了海豹媽媽以外，在這個星球上見著的第二個生物，所以牠不但不怕我，還躺在我的身邊搖頭擺尾，並用那像小狗般濕潤的鼻子一直聞我。我不主動去碰牠，海豹小寶寶卻一直環繞著我轉，甚至毫不猶豫爬到我的身上。我決定直接唱歌給牠聽，沒料到牠倒愈發黏靠著我，連我準備起身離開，牠都扭起頭對我嗚叫得更大聲。

我很好奇，牠為什麼對我大叫呢？

我猜想，牠在等待媽媽從旁邊的天然冰洞跳上來餵奶給牠吃。牠很聰明，大概知道找到我就一定找得到牠的媽媽。而我早就做足功課，仔細讀過牠們這一品種的成年海豹背上，有著美麗的希臘豎琴圖案，所以被稱為「豎琴海豹」(Harp Seal)。每年懷孕的母海豹都要避開只想交配的公海豹，成群橫渡北冰洋，游泳約三千公里去尋找廣袤又堅固的冰層分娩。但是近年由於全球暖化和氣候極端化，造成這群媽媽必須游更遠才能找到安全產下寶寶的冰原。為了分娩前的趕路，幾乎已經餓了一個月，難怪產下小海豹，立刻鑽進附近的洞隙，趕緊下到海裡覓食填飽肚子。所有的豎琴海豹小寶寶都不能碰水，那會淹死牠們。海豹是哺乳類動物，與人相似十月懷胎只產一子，必須由母親腹部下方的兩個乳頭餵奶；也就是說小海豹如果找不到媽媽，短短十二天的黃金餵奶期一過，只有夭折餓死一途。於是每一對海豹母子必須快速嗅記彼此的味道，沒有任何一隻母海豹會為別的寶寶餵奶。計算一隻成年的豎琴海豹體重約達一百三十公斤，牠必須吃足至少四分之一到三分之一於自己體重的漁獲量，才算飽足。那麼小寶寶呢，一出生就得學習「等待」，學習望著冰洞裡大小高低起伏的浮冰，等待媽媽跳躍上來餵給牠最高品質的營養奶汁，才能讓牠快快長大、茁壯、換毛，未來才得以下到大海自己游泳覓食。

這隻小海豹寶寶實在聰明，嗚叫著帶我去看牠媽媽到底從哪個洞口下到冰原覆蓋的北極海中。牠不會說話，可是這一瞬間我完全了解牠是在拜託我陪牠一起等待，等待媽媽，等待我能夠幫牠，把牠的海豹媽媽找回來……

親愛的媽媽，當我盯著這隻小海豹寶寶，看著看著，忽然發現您為我保留的兩張嬰孩時期老照片，翹著屁股或趴或坐在地上，居然像極了眼前這一隻同樣胖嘟嘟好可愛的小海豹寶寶。這讓我更加願意陪伴牠，直到牠的媽媽回來身邊。

我和小海豹一起等著，等著等著，突然間不可思議的事情發生了。

這是我生平第一次在地球上體會氣候極端變異的快速可怕，因為原來零下二十五度左右的氣溫，似乎突然驟降了十幾度，溫度計直逼零下四十度，而且毫無蔽障的冰原上，開始刮起凜冽的暴風雪。不僅我的臉上被刺骨冷風和鋒利的碎冰砸撞，定睛一看不得了，小海豹原本明眸皓齒的小毛臉上，全部堆擠凝結著冰塊，快讓牠窒息了。我和牠就這樣相依為命的一

▲原來我的嬰孩時期和這隻小豎琴海豹長得還真像。

起等待，熬過這場暴風雪的衝擊，我也繼續陪伴寶寶等待牠的媽媽回來餵奶給牠。小海豹一直看著我，向我哀鳴，好像要求我給牠奶水吃，但是我哪來的奶啊！就算帶著奶瓶也早就結凍了，何況我自己也飢寒交迫，冷得直打哆嗦。

怎麼辦呀怎麼辦？媽媽，連我流出的眼淚鼻水都結冰了啊！

約莫一個多小時過後，暴風雪逐漸平息。我想離開，但是小海豹卻緊追著我，叫聲更加哀慟淒厲。我這才發現：原來海豹媽媽的海底出入口竟然完完全全被冰封住了！我意會到牠的媽媽如果再上不來的話，可能將因無法呼吸換氣而被悶死；那麼連帶沒手沒腳挨餓的小寶寶也只有死路一條。想到這裡我不禁又打了一個寒顫，心頭涼了半截，因為我依稀看到牠媽媽那雙明亮的眸子，不時閃動在冰原下狹小的縫隙間，實在跳不上來。說時遲那時快，我毫不猶豫取出背包裡的冰鋤，用盡全身力氣向浮冰缺口敲去，撞擊聲震動著整個身體。然後我緊急把雙手深入冰凍的海水裡，費力把大大小小的冰塊搬起移除，以便清空出一個大海豹足夠跳出來的冰洞。但是一旁焦躁不安的小海豹跟我仍然沒看到牠媽媽跳上來，這是怎麼回事呢？母海豹一定是怕會遭致如同飛鳥撞擊玻璃的慘劇，所以不敢用牠肥碩龐大的身軀嘗試衝跳上岸，可以想像只要一次失敗就是死路一條。

怎麼辦呀怎麼辦？直升機還要幾個小時以後才會降落來找我，小海豹哀鳴的哭啼卻益發聲嘶力竭，令我聽得撕肝裂肺、心神紛亂……媽媽呀媽媽！我實在想不出下一步該怎麼做，才能幫小寶寶找回媽媽？這個當下，剎那間我想起了自己六歲那年所面對過極為類似的場景……

珍藏只屬於我和海豹母子的祕密

媽媽，抱歉我一直沒有告訴您這件事，那就是我六歲生日剛過的那兩天，也曾像這隻小海豹一樣地等待，在幼稚園的校門口等待爸爸來接我放學回家。老師也陪我等了好久好久，全校就只剩我這個小朋友還站在那裡，卻看不到來接我的大人。終於一位氣喘吁吁的同鄉伯伯趕過來跟我說：

「你媽媽快不行了，你爸爸拜託我來接你去台大醫院，看看你有什麼話最後要跟你媽媽說！」

我嚇呆了！我不過和我眼前的這個海豹寶寶一樣小，除了哭真的什麼也不會說、什麼也不會做呀！那種內心的掙扎交戰，怎麼又浮現在此刻這個人生的轉角？我該怎麼辦？等待見到了病床上的您，我更是一句話也說不出來。於是我大聲地跟您說：

「媽媽，我要唱歌！」

記得您聽了很生氣，用微弱卻嚴厲的聲音訓斥我說：「這裡是醫院，病房不可以吵鬧！」但我偏偏不聽，硬要把今天老師指派我參加兒童歌唱比賽的指定曲〈家〉完整唱一遍給您聽。我甚至做了最叛逆的舉措，把鞋襪都脫掉了，大膽跳到隔壁的空病床上，不管您的制止，更不管旁人詫異的眼神，自顧自地大聲對您唱：

「我家門前有小河，後面有山坡。
山坡上面野花多，野花紅似火。」

我一面跳、一面唱、一面笑、一面哭，因為我不知道要怎麼對您說？怎麼向我最親愛的媽媽道別？我們家門口從來就沒有美麗的小河，只有一條每年颱風襲來就會氾濫淹水的大水溝；我們家後面也從來沒有青翠的山坡，只有一座臭氣沖天的垃圾山。但是媽媽您知道嗎？只要您在哪裡，那裡就有繁花似錦和山高水長。相對現在這一瞬間的我，內心的困惑無助，就跟眼前這隻小海豹此際的心情完全一致。儘管我有手有腳，卻也只能那樣望著您；而您脆弱癱軟的生命也像正被困在冰封北極海下的這隻海豹媽媽，我竟然只能眼睜睜看著您癱瘓受苦受難卻束手無策，任憑心急如焚的無盡等待，繼續千刀萬剮著我稚嫩的心靈。

媽媽，我知道接下來我在北極浮冰上準備做的最後救援打算，您要是早知道又要訓斥罵我犯傻了。因為這次我不會只脫了鞋襪「跳上」病床，而是似乎已別無選擇……我必須全脫了禦寒衣褲「跳下」冰洞。事到如今只有此途可以導引小海豹的媽媽突圍跳回冰原，讓牠們母子團聚。我決定了，自己不能改變的命運、不能圓的夢，哪怕不是我的，我也必須讓眼前又重演的戲碼不能再以悲劇收場！

於是我把駕駛員給我使用的紅色魔鬼氈束帶條，連接成為長長的繩索，一頭綁在大冰塊上，一頭綁在我的腰上，大吸一口氣，毫不遲疑就從冰洞一躍而下。沒料到，北冰洋的海底潮流那麼強勁，我的身軀被推捲翻攪，紅帶子竟然不偏不倚纏住了我的脖子，差點把我給勒死！好不容易才掙脫開，死裡逃生；不過，這一番折騰倒是把海豹媽媽的求生意志全數激發出來。牠順著我出入冰洞的動線角度方位，總算跟著我一躍而上，平安著陸。小海豹寶寶見狀欣喜若狂，急忙蠕動大叫奔向媽媽！母子重逢。我們三雙淚眼哭得唏哩嘩啦，眼前一片模糊。

我趴在一旁注視著牠們，海豹媽媽信任我，在我的面前正安心餵奶給小寶寶吃。陽光從濃密的雲層中乍現，一直到冬日迅速的日落後，我驚見滿天閃亮的星斗，北極光忽然夢幻閃耀降臨，並穿梭流轉在冰原大地的天空。我知道，從今天以後我和牠們母子不可能有機會再相遇，但是蒼穹無邊無際，儘管物換星移、滄海桑田，這段記憶絕對將永遠停留在我們的心底了。

有生之年，只要我們再次看到這樣極光閃動劃過星空的夜景，嘴角就會些微喜悅上揚，內心鏗鏘共鳴激動，永生永世謹記這個地球上只屬於我們三個生命所珍藏的祕密。

媽媽，我知道那時是您，正招呼著滿天的星星都在對我們笑呢！

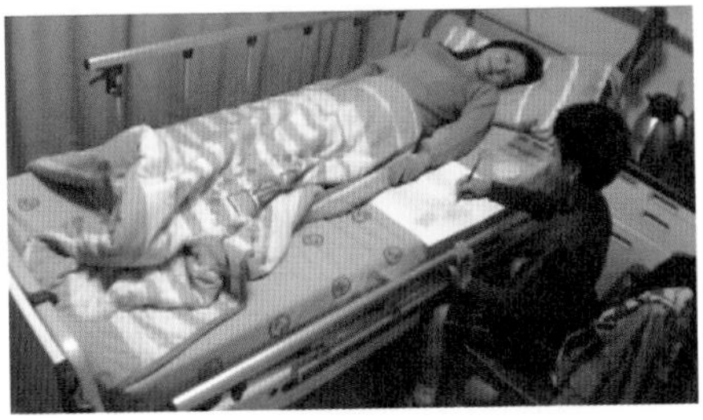

▲趴在母親病床邊畫畫或是幫她寫信是我童年最深刻的記憶。

▲我下到冰凍的海中導引海豹媽媽。

▲海豹媽媽完全了解我引路的心意，順利突圍。

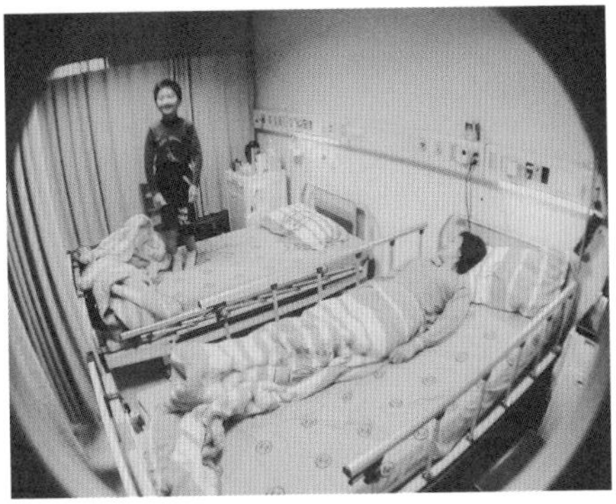

▲一直沒有告訴媽媽為什麼我曾在醫院叛逆地跳在床上，硬是要唱完一首歌給她聽。

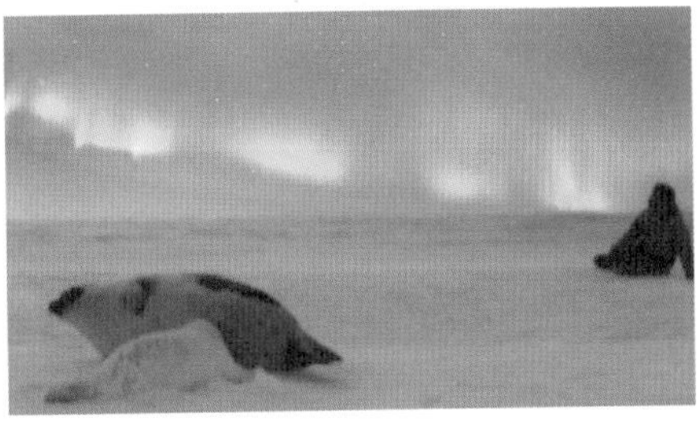

▲這樣極光閃動劃過星空的美景，總會喚起我和海豹母子永恆共鳴的記憶。

08 十二月南極

南極演唱會，帝王企鵝陶醉在我歌聲裡

親愛的媽媽：

您說您這輩子最想去的地方就是十萬八千里外的南極。去一趟還真不容易，而我終於幫您踏上了南極大陸；本來想這就夠了，沒想到看似一無所有的冰雪世界，等待我的居然是一連串的驚喜！

在地球上，比撒哈拉大沙漠更杳無人煙又乾旱乾燥的地方，就是終年冰雪覆蓋的南極。二〇〇七年十一月，我和來自世界各地的科考人員、生物專家以及探險愛好者一起搭乘一艘改造自前蘇聯的破冰船，由南美洲阿根廷火地島的烏虛懷亞出發，歷時一個多星期，最終順利抵達南極大陸。媽媽您能想像嗎？這一次我不但和企鵝們交上了朋友，還在當地成功演唱了幾場所謂的「歌友聯誼會」，實在太有意思了！

南極大陸總面積達一千四百萬平方公里，比撒哈拉沙漠更大。在這片廣漠的荒地上，覆蓋著皚皚白雪和厚厚的冰層，氣候非常乾燥而寒冷。南極大陸是唯一沒有辦法一個人來自助旅行的地方，我必須搭乘前往當地研究環境、生物、能源、物種或是觀光生態之旅的船艦。我所搭乘的雖是前蘇聯很古老的破冰船，但仍然非常堅固，即使早已改朝換代變成俄羅斯獨立國協，但船身前面還是掛著前蘇聯的大國徽。

長達一個多星期的航程並不沉悶，這正是我和各領域專家分享交流心得的最佳機會。比如說，我專業於歷史文化、攝影記錄，就給他們講這方面的課程；而他們，有的是鳥類專家，有的是鯨豚專家，有的是企鵝專家，他們就會為大家講述自己擅長的課題。有趣的是，航行過程中，十月底正好趕上源自歐洲古代塞爾特民族（Celtic）的新年節慶「萬聖節」。真正「在那遙遠的地方」——十萬八千里之外，大家在破冰船上一起打扮成奇形怪狀的模樣過「萬聖節」，相當值得懷念。此際船艙外面的德瑞克海峽正飄來大塊的冰餅（Ice pancake），沿途海鳥、雪鷗相隨，又偶見鯨豚翻騰的身影，實在是一段相當特別的行程。

事實上，我們早在一年前就把整個研究考察攝影計畫定下來了，也就是說，這次旅行我們已經期待了整整一年。至於，船期將會是多長，會碰到好天氣還是壞風暴，就要聽天由命了。古諺說必須十年才能修得同船渡，我們同船一命，大家彼此交流的感情總是特別融洽。

在途中，我們看到了很多海鳥、鯨魚、海豹和企鵝等生物共同生活在這個特別的生態環境裡——這兒是地球從古至今都未曾有人居住過的地方。儘管人類很了不起，高山、海洋、沙漠、河流都能供人類居住，可就是南極這個地方一直都沒有原住民族，究其原委乃因氣候乾燥苦寒、瞬間風速極大，總而言之實在是環境太惡劣了。不只如此，更因為它不同於北極的一大片冰洋，南極有高山陸地孤立在地球傾斜 23.5 度軸心的底端，距離美非澳紐等各大洲陸地都相當遙遠，太平洋、大西洋、印度洋等三大洋卻匯聚衝擊在南極大陸周圍，形成環狀洋流的恐怖西風帶。讓尚未受到冰雪衝擊考驗的旅人，先見識德瑞克海峽連續劇烈晃盪到讓人暈船嘔吐、肢體動彈不得的下馬威。

媽媽，我此行的目的，除了想去感受南極大陸的生態環境之外，最重要的，還想探訪帝王企鵝（Emperor Penguin）。

來到南極冰上漫步，探訪帝王企鵝

企鵝可以在陸地上行走，也可以趴在冰雪上撥著牠強而

▲壯麗絕美的南極冰雪大陸，是地球最冷最乾的最後處女地。

▲測試聽覺極度靈敏辨識親子的帝王企鵝，我用人類的歌聲竟然讓牠們聽得著迷入神。

有力的下肢大腳掌，靠肥嘟嘟的肚腩滑行。到了海裡，牠更靈活了，游速像個深水魚雷炸彈般非常快速。最有趣的是，企鵝的眼睛非常特別，在海中捕食時，它會調整眼睛的焦距，能在水下看清楚，有如老鷹抓小雞一樣方便捕捉磷蝦、冰魚等；可是到了陸地上，它又將眼睛的焦距調整到另外一種狀態，以適應陸地空氣中的視覺環境。

南極是全世界最乾燥的地方，以致浮冰上面吹漂呼嘯飛灑的都是細如麵粉糖霜的乾雪。我們此行要長時間停留的雪丘島，正是進入帝王企鵝棲息地的重要入口之一。等我們抵達雪丘島之後，因為天氣突然變得極為惡劣，破冰船停在不能夠再前進的位置，同時嚴禁大家下船，不得不無奈關在船上悶了整整兩天。到了第三天，也就是十一月三日（星期六），船長終於說可以下船進行所謂「冰上漫步」（**Ice Walk**）了。

當雙腳真正踩到南極大陸的雪地上時，我興奮地跳了起來！

當時已經十一點半了，我們下去進行冰上漫步的時候，天還下著雪，眼前一片霧濛濛。不過太陽很給力，不時探頭

▲帝王企鵝小寶寶像循著前世鄉愁一般，跑到我的嘴邊討反芻的食物，毫無畏懼。

▲所有的帝王企鵝居然慢慢向我靠攏，跟我一起用複音和弦或是單音鳴叫呼應著。

出來瞅瞅。地上剛下過的雪，亮晶晶的很美。那些冰，有的甚至經過了幾萬年時間的堆積，在陽光映照下，好像揮灑鑽石鋪滿雪地一樣絕美，令人屏息。畢竟整個南極大陸比澳大利亞的面積還要大，表面百分之九十五都覆滿了冰晶，一眼望去，會誤認為看到的就是白雪皚皚一片；事實上，這裡面可有學問了。

為什麼呢？因為如果你仔細觀察，會發現有些雪特別白，有些雪卻特別藍（雪在藍色的冰上面，便成了藍色），看起來真是賞心悅目。可是踏在藍色的冰雪上面，我不免特別緊張，擔心一腳踩去，會崩塌而摔落到大海裡面，畢竟它看起來好像非常脆弱。其實這些藍色的冰都有幾萬年的歷史，非常堅固，既不會崩塌，又非常光滑；反倒是那些白色的冰雪才是非常新的，相對來說也比較危險。

南極既然是全世界最乾燥的地方，攝氏零下負九十度，絕對是地球最低溫度紀錄。畢竟它還是咱們整個星球唯一最後潔淨的處女地，南極大陸真正數目最多的陸上「原住民」要算是企鵝了。

為了探訪體型最大的帝王企鵝，了解牠們如何每年都要像鮭魚一樣，成群結隊從海邊集體溯源回到自己出生的地方，選擇好當年的配偶之後、交配、生蛋、孵化、養育、餵食的獨特過程。媽媽您是知道的，我在來做南極田野調查之前，都必須掌握好大量相關背景知識和資料。

為了不讓隆隆的機械聲打擾到企鵝，我們從破冰船的平台上搭乘專屬直升機，飛行約三十五分鐘後，降落在雪丘島內陸的帝王企鵝群居地兩公里之外，然後再沿著放置妥當的紅色標記慢慢徒步靠近。

一到那裡，首先映入眼簾的是一大群正被集體管教的小小帝王企鵝，這些可愛的小企鵝由成年企鵝分工統一照顧，就跟生活在托兒所裡一樣。原來人類的幼稚園概念正是跟帝王企鵝學習來的。

我們到那邊的時候，小企鵝已經差不多一個月大了，也就是說牠們已經見到了自己的爸爸媽媽。再過兩個月，牠們就可以自力更生，跟著父母慢慢走回牠們唯一能夠覓食的南冰洋海邊。不過在此之前，還不能泡到水裡的銀白色小小帝王企鵝們，只能躲在爸媽胯下抬頭張大嘴，等著父母倆輪流長途跋涉往返於兩地捕食漁獲，再經由成年企鵝以囤積反芻方式嘔餵給孩子吃。

回顧在小企鵝出生之前，也就是在南極隆冬最冷的孵蛋期，事實上全由公企鵝負責照顧。那時候一隻剛生下一顆蛋的母帝王企鵝，必須跟牠的配偶玩一場生死攸關的足球賽，冰寒的凍原只給牠們夫妻短短三秒鐘，牠必須精準將蛋踢到公企鵝球門一般的雙腳間立刻取暖孵育，不然，急凍的寒風會毀了一個等待來到世間的小生命。緊接著，母企鵝必須成群走去數十公里外的海洋覓食，一旦肚裡儲存好食物，立刻折回孵育之地，跟公企鵝交接換班，以便讓餓得半死的雄性伴侶盡速再接力走去海邊覓食囤積……如此來回輪流養大今年唯一的小寶寶。我忽然想到我們從海邊搭乘直升機到附近就花了三十五分鐘，那麼企鵝得要走多久呢？現在全球氣候極端化，冬天極冷，冰層結得離海更遠；夏天又極為酷熱，冰原迅速融化，以致極地的北極熊和南極的帝王企鵝都快無立錐之地。著實令我擔心不已。

對了！媽媽妳絕對猜不到讓我最驚訝感動的居然是企鵝爸爸。

因為當小企鵝從蛋裡孵出來的時候，母企鵝其實還沒有從海裡捕食回來，但這時偏偏小寶貝已經餓得開始討東西吃了。於是，我看到每一隻小企鵝吃的第一口「奶水」都不是母企鵝給的，而是公企鵝餵養的。公企鵝真的很感人也很偉大，牠毫不吝嗇把囤積在自己體內最後一點越冬的能量養料，全部嘔心瀝血般吐出來給小寶寶吃。如果母企鵝因為迷路、受傷，或不幸被海豹、虎鯨吞食了；那麼，死亡的還要加上這一對至死不渝守候的企鵝父子。

如果說人與人之間有一種信任和期待，在這個時候，公企鵝跟母企鵝之間也是一樣，完全就是一種超越語言的感應承諾。企鵝會輪流更換崗位到遙遠的海裡捕食，如此交替來照護餵養小企鵝，牠們深信自己的配偶一定會回來，而且會帶著從海裡捕到的滿滿魚蝦，帶回來給孩子大塊朵頤。

在觀察記錄的拍攝過程中，還有一個奇妙發現讓我十分讚嘆，那就是，帝王企鵝們居然能夠單獨透過對聲波的敏銳反應，從幾萬隻小企鵝裡面，精準分辨出哪一隻是自己的小寶寶，也能循聲找到自己當季配偶佇立的確實位置。這種本能對人類來說全然是天方夜譚。即使演奏小提琴或者二胡的音樂家，縱然他們的聽覺和音感已經相當了不起，可是對於聲波分辨的功力，仍無法達到企鵝這般細膩敏銳的高段等級。或許唯有南極特殊的生態環境，才能練就出企鵝這般極為敏銳的聽力，讓我見識到極地物種強烈旺盛的生存鬥志。

為企鵝高歌〈月亮代表我的心〉

企鵝跟人是兩類截然不同的物種，要和野生的企鵝進行交流，任誰都知道那是絕對不可能的事。當時，我把攝影機裝在三腳架上，外面包了好幾層毛料圍巾保溫避免當機，然後自己坐在一旁冰冷的雪地上，對著鏡頭說話。可是坐著坐著挺無聊的，我就開始唱歌。當然我也不是平白無故就瞎唱，唱歌的原因就是基於我有一個大膽的假設：既然世界上十幾種企鵝中體型最大的帝王企鵝具備最敏銳的聽覺，那麼牠們對人的聲音，特別是歌聲，會不會也能產生一些特別反應呢？於是，我開始坐在冰上歌唱。唱了一會兒之後，驚奇發現一隻企鵝過來了，牠真的在聽我唱歌。後來第二隻、第三隻企鵝都走過來了。

兩名法國研究學者剛巧徒步經過不遠處，驚見這個景象也覺得實在太神奇了，誰也沒有想到人的歌聲竟會讓帝王企鵝出現如此奇妙的感應，牠們真的全都停下前往海邊覓食的腳步，有的甚至直接走到我身旁彎頭專心聆聽。於是，法國人也駐足幫我拍攝記錄，因為我的攝影機先前擺放的位置，已完全被亂入的企鵝給擋住了，猛一看還以為牠是穿著黑色燕尾服的尖嘴攝影師呢！我真的非常感謝他們幫我記錄下好幾段珍貴的視頻畫面，他們說法國南極研究人員花了二十年研究、十年拍攝紀錄片電影《帝企鵝日記、企鵝寶貝：南極的旅程》，都不及我只花十分鐘就立刻發現，人類的歌聲音訊對帝王企鵝的魔幻吸引力。慢慢地，大大小小的企鵝果真全都向我聚集過來，幾乎把我給團團包圍，這種感覺實在太奇妙了！

「你問我愛你有多深，我愛你有幾分……」

媽媽，講起來挺有意思的，我發現企鵝對您教我唱的那首歌〈月亮代表我的心〉好像特別有好感。接著，我抵達了企鵝們的棲息地，白色的雪地上夾雜著一些黃綠顏色，那些都是企鵝的糞便。但是，坐在那裡目睹大大小小的企鵝就在自己身旁，感覺真的很好，也就不會在意是不是很髒很臭了。

為了驗證自己的發現，我又接連找了好幾個企鵝棲息地，繼續在安全距離外進行自己的發聲實驗，結果每次都引來成群的企鵝。從娛樂角度看，我自己曾是一位歌手，使得這趟南極之旅已經變成一次趕場走秀的「野台演唱會」，只不過聽眾全是那些可愛的帝王企鵝罷了。每當我開唱之後，企鵝們就會慢慢向我靠近，有的甚至趴在雪地上慢慢滑行過來，最後大小企鵝全部靠了過來，牠們竟然都以我為中心圍成一個圓圈。我整整連續又唱了一個小時，每一隻企鵝似乎都聽得如癡如醉、欲罷不能，牠們甚至還會大聲地用複音和弦或是單音鳴叫跟著我合唱。這裡瞬間變成了我的「南極冰原雪上歌廳」，進行著我的「南極大陸歌友聯誼會」。

可見，企鵝的音感確實非常強！我這次做的實驗，可以說是一種即席機緣巧合，也可以說是一種心靈感應測試，更可以說是一項生物科考實驗。最重要的是，在這個過程中，我發現企鵝真的非常開心。不久有一群公企鵝經過我的身邊，原本要去海裡捕魚，可是真不好意思，我一張口牠們就都停下來聽我唱歌了。於是我為牠們思念著的遠方妻小唱了一首〈在那遙遠的地方〉。

「在那遙遠的地方，有位好姑娘；
人們走過了她的帳房，都要回頭留戀地張望。
她那粉紅的笑臉，好像紅太陽；
她那美麗動人的眼睛，好像晚上明媚的月亮……」

牠們可以用胸腔、喉腔到頭腔等獨特三腔共鳴，產生「嘎」這種有如不同灰階頻率的單音，還能用更高難度的寬廣腹腔，迴旋震盪產生一種多重音階的複音卡農式重疊共鳴，引吭高歌與我同唱——嘎嘎嘎嘎……甚至當我唱完英文歌〈Love me tender〉之後，有一隻大企鵝抬著頭，揮著翅膀面向我，好像為我鼓掌一樣。

在成年企鵝餵食的時候，小企鵝都會抬著頭或者湊到爸爸媽媽嘴邊去討食物。當我唱完歌之後，有一隻剛才也為我鼓掌的小企鵝竟然爬到了我的身上，湊到我的嘴邊好像也在向我討反芻的食物吃。一般來說，不同物種之間應該是避之而唯恐不及的，可是牠們陶醉在我的歌聲裡，瞬間把我當成親人，這真是非常珍貴難得的機會。

永生難忘的美好回憶

最讓我無法忘懷的是，在我們的破冰船即將要離開南極大陸的那個傍晚，有一隻企鵝竟然過來為我們送行，太讓我驚嘆了。

因為臨行在即，所有科研探險人員都必須提前分批回到破冰船上。想想就將揮別這地球最最遙遠的地方，每個人盡是捧著相機在船頭前舷邊緣一字排開，把握最後機會捕捉企鵝飛跳上冰岸的絕佳鏡頭。我也不例外，跟著幾個專業攝影師緊盯著冰原靠海的邊緣，苦苦守候恰巧從海裡跳上岸來的企鵝，那一剎那正是最美的身形停格。當時大家早已相傳知道我做了這個所謂的「歌唱實驗」，所以另一個法國學者看到我正恰巧拍到兩隻跳上冰層的企鵝，便語帶調侃淘氣地跟我說：「你不是會唱歌給企鵝聽嗎？你再唱啊！你再唱啊！」我想，反正閒著也是閒著，於是就一面繼續攝影、一面開口唱：

「你問我愛你有多深，我愛你有幾分？
你去想一想，你去看一看，月亮代表我的心。
你問我愛你有多深，我愛你有幾分？
我的情也真，我的愛也深，月亮代表我的心……」

這兩隻剛從海裡跳上來的企鵝，一隻駐足原地不走也不動，一隻竟然從大老遠橫切走到緊貼我們破冰船的下方，傻呼呼地抬頭向幾層樓高的甲板仰望著，所有在場的人都看呆了。偏偏忒煞風景的是，船上轟隆隆的汽笛聲卻在此同時響起，意味我們在此下錨停靠兩週後，現在即將啟程返航。就當我低頭對著那隻「兵臨城下」的大企鵝對望高歌之際，才發現破冰船是沒有類似倒車的裝置，因此它無法後退，只能向前向左猛力衝撞冰層，再慢慢敲裂出一大條得以讓船體轉彎航行的開闊水路。

如此震耳欲聾的撞擊聲響幾度掩蓋了我的歌聲，但是這隻固執的企鵝卻依然側頭凝神聆聽，似乎牠真的正在品味尋覓一種前世鄉愁般的旋律，一種在原鄉故土萬里之外記憶在牠們DNA時空膠囊裡的天籟呼喚。

現在這一刻，唱歌不能再用〈月亮代表我的心〉那般輕柔的音色，面對破冰船機械怪獸的巨響碾軋；我立刻放聲，用義大利三大男高音高亢的旋律歌唱〈歸來吧！蘇連多〉：

「Ma nun me lassá
Nun darme stu turmiento
Torna a Surriento
Famme Compá
歸來吧歸來，
故鄉有我在盼望。
歸來吧歸來，
歸我故鄉。」

企鵝用心聽著，我看到船身撞斷的浮冰，正激烈震動搖晃著牠站立守候亦將斷裂的冰層，即使牠的雙腳搖搖擺擺都快站不穩了，卻仍舊遲遲不肯離去。牠只是專心聆聽，沉醉於一股細數從頭的斑駁依舊、如傾淚雨，沉浮漂流在前世鄉愁裡……目睹眼前這撼動心弦的一幕，圍觀在船舷邊原本高高在上、矜驕自大的人類全都哭了。船漸行漸遠，真的離開了南極大陸。這時大家仍然不發一聲，只是分別靜靜地回到各自的艙房裡，細細咀嚼箇中滋味，久久無法言語。

南極這一幕，確實讓我永生難忘。媽媽，現在講給您聽的時候，我還是全身布滿雞皮疙瘩，心緒起伏顫抖。

我絕對深信從現在開始，南極大陸上的帝王企鵝們一定也將這一幕永遠銘記刻印在牠們的基因密碼裡——曾經有一個完全不同的物種來到過南極大陸，他用奇妙的歌聲與牠們進行了深情的交流。好希望有機會能夠再回去，因為我深信：儘管這輩子聽過我唱歌的人不見得會記得我，但凡是在南極曾聽我唱歌的企鵝，即使我變了容顏、換了時空，牠們世世代代應該都還是會記得我、認出我、靠近我；然後我們歷經了有如百年孤寂的等待，終於合唱出一首心裡永恆的歌。

對我來講，這就是一種永生難忘的美好回憶，至死不渝。

至死不渝。

09 十一月巴西

戀愛亞馬遜，那群活不過四十歲的朋友

親愛的媽媽：

旅行世界各地，我發現似乎每條河流的兩岸都會養著一群人，他們的生老病死都伴著那條河；他們的人生也像一條河，在某年某月的某一天滑進了我這顆東方石頭。有時候我真的很懷念，懷念到有些心疼，因為我們的相聚和分別都是這般無法預測。

媽媽，至今我已經去過七次亞馬遜河流域，但是我都無法和同一群人再見一次面，甚至連同一族人都不容易。就算如此，我們依舊分享同樣令人振奮開懷的雨林樂趣。

回想他們帶我認識的每一株叢林植物，十足像您從小提早教我認字幫您寫信一樣，我們抓著長長的「猴梯藤」盪來盪去，還會砍斷堅硬的「水藤」讓我啜飲裡面甜甜的甘露。睡在村子高架屋內的傳統樹皮吊床上，陽光從屋內的木板縫隙間穿透撫弄我的眼瞼。直到他們喊我去泛小舟，釣食人魚、抓美洲鱷，不然真是舒服極了，都不想動呢！比較深的河區才可以游泳，我們踏著上游砍伐流下來的大木幹，在上面跳來跳去。河水雖然黃濁，但是異常溫暖，河岸的細沙更是光鮮金黃。正當此時，我感到水中好像有東西頂我，還碰觸到牠有些滑溜的皮膚，挺嚇人的。原來是亞馬遜河裡一種特有的淡水海牛，圓滾滾的模樣實在是可愛極了！連我到岸邊拍拍手，牠們都會頂著有瓣膜的「豬鼻子」，游過來給我摸耶！真像是一隻會游泳的小狗狗。

也許是那天游得太累了，我到第二天接近中午才醒過來。走過泥濘的小路，遠遠看到一群族人正圍著不知道在進行什麼儀式？原來昨天摸玩海牛之後，他們趁著黃昏日落前，帶著新鮮雞肉，教我在食人魚密布的淺灘水域學習撒網和釣魚，後來我卻不慎沉船了；於是今天依照雅瓜族（Yaqua）古禮籌備，將為我舉行一場隆重的驅除水鬼安魂祭典。

首先，他們蒐集地上乾枯的落葉堆成蟻窩狀，接著用樹枝鑽木取火點燃烈焰。族人都換上象徵火焰的紅色草裙，兩位代表母系社會崇高地位的女性長輩，一左一右勾著我的雙臂，順著前進與後退的步伐，繞著熊熊火堆簇擁著我移動。當年跟我同齡三十九歲的酋長阿旺爬在高高的樹幹上，吹著一把細細多管蘆葦製成的排笛，上面還綁著金剛鸚鵡的豔彩羽毛。他好像守護神一樣，鳥瞰著我們整個僻處叢林深處的祭場。昨天就是他帶我認識了那一片他們世世代代生活的地球之肺——「父親」熱帶雨林；還有那一條流經八個國家、面積高達六百九十一萬五千平方公里、占南美洲百分之四十土地的世界第一大流域、第二長河——「母親」亞馬遜。

族人交頭接耳地說，這可能是兼祭司的酋長頭目今生最後一次主持的祭典。我好奇地問他們為什麼？他們用一隻手掌跟我比了個「四」的手勢，然後就靜靜地誰也不發一語，好像夜裡帶我去抓鱷魚般戒慎恐懼。他們的眼眸透著無助與些許無奈，就像幽暗河畔那一雙雙美洲鱷的眼睛，被手電筒照到瞬間所散發出來冷冷的黃光，燈影恍惚中，阿旺發動一次次正向突襲，陸續一隻隻的鱷魚便手到擒來。

我不敢在亞馬遜攫取任何不屬於我的東西，包括傍晚河面上，在我們船邊飛來飛去覓食的大蝙蝠；我更不敢不屈服於這裡巨大自然力量的威嚇主宰，因為它每天都可以決定午後河面上出現攪動渦輪般的熱帶氣旋大風暴，到底有多麼恐怖，連船隻都可以擊沉。就是那個「四」的背後，似乎夾藏著一個不可告人的祕密，直到我離開前，他們才七拼八湊讓我聽懂了，一個來自古老傳統的詛咒：部落裡沒有一個男人能活過四十歲。

霎時，我揪心為之一怔，因為我和阿旺再不多久都要準備過四十歲的大生日了……難道當我飛回台灣以後，親友幫我吹蠟燭、切蛋糕、送禮物、吃壽麵、啃豬腳麵線、辦生日趴的同時，在這地球另一邊鳥唧蟲鳴的雨林深處，也會有一場像他們正為我進行的祭典儀式，卻將由另一位接任的頭目，來為阿旺主持莊重肅穆的告別式喪禮嗎？

我必然缺席。

這裡是沒有地址、沒有門牌號碼的地方，連自來的水電都沒有，轉眼十六年過去了，對於這個部落我是音信全無。終於，十六年後，我又從姊姊定居的哥倫比亞首都波哥大飛到了雷迪西亞（Leticia），僅次於亞馬遜流域第一大城巴西瑪瑙斯（Manaos）和第二大城祕魯伊奇多斯（Iquitos）的第三大城市。避開哥倫比亞毒梟和游擊隊動盪的區域，我搭乘飛機、吉普車與僱船輾轉回到了這裡，直奔印象中快消失的雅瓜族部落。

舊地重遊，兩個大男人相擁嚎啕大哭

沒有人相信一個外國人會在十六年後真的舊地重遊。我渴望能再看到阿旺，因為我一直不願相信那個古怪的「詛咒」，我希望看他含飴弄孫，捻著鬍鬚再幫我當一次叢林裡的最佳嚮導，像以前一樣教我認識他們生於斯也死於斯的這片土地。哪棵樹幹可以劃出天然的工業橡膠、哪棵樹幹劃出的又是做口香糖的香口膠……正當我自作聰明想大嚼一口的時候，阿旺急忙制止我，對我再三告誡：「那個不能吃！」其實是另外一種挖自特有樹幹專補獨木舟船體縫隙孔洞的天然防漏黏膠。我就這樣在亞馬遜大自然教室裡，學會了像泰山一樣攀爬晃蕩遊走的猴梯藤；辨識藏著救命甘甜水源的水藤，從此不怕在雨林裡迷路渴死；鮮紅小果粒是釀酒瓊漿，只要用棕櫚樹幹挖成筒子或用棕櫚葉編成籃子，都可以揹著四處跑。其他像是哪種植物能治頭疼、胃痛、外傷、咳嗽、腹瀉、中暑、癲癇……雨林裡都一應俱全，簡直就是亞馬遜自然醫藥百科全書。難怪我一再跟自己說，我的學士、碩士、博士到了這裡，什麼都不是。

可不是嗎！

終於在大河畔我遇到一群划著大船，正準備要拖上沙岸的土著們，高興的是顯然有人認出我來了，不等船泊好，船上好幾個男男女女已經先跳下來踩著水直奔我而來。我完全接收到他們感應的電波，也迎向他們跑去，心中的喜悅快慰溢於言表。我握著他們一雙雙粗糙卻溫暖厚實的手，更加殷切搜尋阿旺的眼睛……

「上次你走後不久，他也走了。」

▲我在亞馬遜河小船上學撒網和垂釣食人魚，後來竟不慎沉船。

▲亞馬遜穿著樹皮衣的古老文化傳統儀式即將消失，族人說等不到下一代了。

這是我猜著他們想要表達給我的語句，環顧四周確實沒有一個比我更老的長輩，男女都一樣；倒是許多新生出來的孩子們好奇地圍著我，他們像生生不息的鮮嫩青草，清澈無瑕的眼眸專注凝視，教我心動。但是，的確就是沒有阿旺那一雙敦厚又充滿智慧的眼神。

「我爸爸死前還講到你……」

一回頭，一名面容清秀的男子用他的手撫按在我的背脊上，似曾相識的眼珠，我快速在流動的記憶中輪轉搜尋線索。

「你是阿旺的……大兒子？」

原來當年二十出頭小夥子，小旺現在已經接替父親在部落中的地位，當上酋長頭目。他不就是十六年前勇敢跳下滿布食人魚的河裡，把握關鍵逃命的黃金三十秒鐘，火速把我連推帶拉扔上另一艘船的青年嘛！原來他是阿旺的長子，原來他當了酋長，原來他還記得我，原來他跟我一模一樣地深深想念著阿旺……

▲老酋長阿旺跟我同歲，在我上次離開後四十歲死去，由兒子小旺接任。

▲當我們告別擁抱時，一直活不過四十歲的族人在我耳邊說：明天就是他四十歲的生日。

我們緊緊相擁在一起，滲著淚水的臉濡濕了我的面頰，草裙雜亂的毛絮撩動著我此刻顫抖的身軀；我根本不敢跟他四目交接，因為他跟父親阿旺長得實在太像了。我們一直抱著，族人圍繞在我們四周，共同為這十六年後遲來的重逢一掬唏噓嗟嘆。小旺抱著我，我突然有一種說不出來的感覺，好親切熟悉、好貼近心靈深處。原來他把我當成過世快十六年的父親，現在似乎爸爸意外地又重新回到母親大地上，來探望他最思念的孩子，再一次，也絕對是最後一次，還能像兒時一樣父子如此深情擁抱。

小旺壓抑著咚咚的心跳，只有我和他貼靠的胸膛肌膚，能夠彼此心領神會判讀。畢竟頭目要獨當一面，不能在族人或敵人面前顯露出脆弱無助；接任酋長重責大任的那一年，他才二十出頭而已，此際的他應該早已練就了這一切才是。我如果像他爸爸早婚早育的話，一樣可以在我十六歲時就把小旺生出來了。

這複雜的心情有如蛙毒吹箭，在雨林神出鬼沒，誰都提防不了，活像糾纏的幽靈從四面八方射來，我們真的快撐不住了。偏偏心中的感傷接著又變成森蚺巨蟒從河裡竄出，毫不留情地席捲了我們這一大群人的情緒，悉數拖入水中淹沒……這一刻，就連涉世未深又不明就裡的小娃子們都不敢打擾大人，高高矮矮乖乖地杵成一排，既不哭也沒鬧，放任兩個大男人應聲嚎啕，把小娃娃們哭鬧的專權暫且先搶了。

撐起人生壯美風景的「遺憾」與「圓滿」

這一次跟族人相處，我才慢慢理解，原來村裡男人活不過四十歲的恐怖事實並非詛咒，而是來自於當地醫療條件與衛生環境的落後，特別是孤立偏遠的部落不得已近親通婚，所產生遺傳基因缺憾的後遺症。就因著如此認知，我份外珍惜此行跟他們相處的分分秒秒，一點也不想去看觀光樣板的樹屋走道、也無心探索黃黑兩大支流如何綿延數十公里，到了巴西都不會交溶（Encontro das Àguas）……我只想陪伴著這個遲早逐步衰亡滅族的部落，襯著亞馬遜多管排笛，再次一起單調吟唱出那首專屬這群夕陽民族的生命輓歌。在亞馬遜七千多條支流裡，無數的部落依山傍水而居，相形之下，這個沒落的小村顯得微不足道，但就是因為這樣，十六年前後我戀上這裡的雨林、愛上這裡的河水，為此我悠悠心繫這裡所有的人，於是整個村子不再是玫瑰園裡花團錦簇的一支花朵，而是像《小王子》書中所述，唯一專屬於我的嬌嫩玫瑰。

又到了跟亞馬遜雅瓜族人說「再見」的時候了。

我穿過山、越過海，在自己走過半個世紀的有限生命裡，有幸兩度遇到了同樣的族人。我真的就是踏過這條人生長河上的一名過客，或者我根本僅僅是躺在河床裡，任憑河水鋪天蓋地浸浴洗禮而過的一顆冥頑不靈的石頭罷了。

臨別在即，小旺湊到我的耳邊用生硬的英語跟我說：

「明天……就是……我四十歲的生日……」

告別族人的清晨，我想我明白小旺給我臨別贈言的意思。明天就是他四十歲的生日，那麼，除了他還有誰能夠再等另一個十六年後的三度造訪呢？屆時如果我還活著，已超過孔子所謂「從心所欲不逾矩」的七十歲年紀啦！而小旺是不是跟他的爸爸與族人一樣，注定都活不過四十歲呢？抑或整個村子都在亞馬遜雨林大河畔各種外來侵擾的鯨吞蠶食中，煙消霧散蒸發滅亡了呢？誰也不知道。

這一刻我只知道，我們這樣相互擁抱之後，就將天涯海角、天南地北、就將……天人永隔、生離死別。

難道積累著千年萬年的等待，只為了這生與死交會的一刻嗎？

他們上輩子、這輩子，一直到下下下下下輩子，都不可能離開亞馬遜；不像我在繞了地球好幾圈以後，居然還能回來探訪他們。不過，今天我的心完全擱淺禁錮在這條亞馬遜的大河裡，順著它發源的祕魯安地斯山頭，蜿蜒著地球最大的五分之一淡水量沖刷呼嘯而過，永生永世、百轉千迴纏繞住我悠悠無盡的思念愛戀，永恆依舊。

「再見！亞馬遜！」

是的，明天就是小旺在這片父母親大地上的四十歲生日。十六年後回來的我，讓他看到與我同齡的阿旺爸爸如果還活著，可能老成什麼樣子……活不過四十歲的族人們，想當然不會知道自己五十歲，甚至六十歲到底會是何等模樣，於是此生最後一次相互道別的時刻，大家都希望不會再有任何「遺憾」，每一雙大大小小的眼睛就這麼用力用心地盯著我看，看穿看透看進我半百面容下僅存的「圓滿」。只是怎麼可能會有「圓滿」呢？他們怎能理解我這十六年後的再次告別，不僅要開始面對自己的生命大限，還要又一次擔憂小旺像父親四十歲生日來臨的「遺憾」。怎麼偏偏都選在我揮別這片即將消失的雨林、揮別這即將殞落的部落之際呀？

將來可能不會有任何高端史書典籍記載，曾經有你們這樣一群雅瓜族人在亞馬遜流域存在過。但是，我同樣渺小的生命將緊緊守護、永遠鏤刻著你們每一張曾映在亞馬遜河面上有若漣漪擴散的笑臉。

親愛的媽媽，寫到這裡，忽然想到您的這一生對我來說，不也是在「遺憾」和「圓滿」間並行著嗎？您遭受病痛癱瘓折磨的「遺憾」與您給予我愛和分享的「圓滿」，如此並行不悖，也如此相輔相成。原來人生長長短短的足跡確實就像「遺憾」和「圓滿」兩條並行的鐵軌，兩者一樣都是如此完美翱翔、綿延不斷也各自曲折、各自寂寞；卻足以共同撐起一片人生悲喜壯美的風景。

10 九月新幾內亞

真情食人族，原始與文明的身心靈對話

親愛的媽媽：

今天我要帶您去一個傳說中會吃人的地方。

那是一個位於大洋洲新幾內亞島的食人族，也是一個對比我們現代社會有如外星球或靈異鬼怪的地方。這裡有四百多種不同的民族、七百多種不同語言，西部曾為荷蘭屬地、東部則曾是德國屬地；第二次世界大戰之後，西半歸給印尼，稱為伊利安．加雅（Irian Jaya）；東半在英國控制下聯合附近鄰島成為獨立國家——巴布亞．新幾內亞（Papua New Guinea）。島民族群的傳統習俗千奇百怪、各有特色，不過有兩個共同的特徵：一、他們還停留在人類遠古的石器時代，二、相傳他們仍保有食人的獵殺傳統。這兩大特徵可能使不少旅行者，擔心生活上的不便利與生命上的不安全，望之卻步。不過，這樣反倒使我一直浪漫地嚮往這個充滿原始生命力的地方。只是，當我們自豪所謂的「文明」與他們表徵顯示所謂的「原始」相遇時，逐步一塊一塊剝掉我原本一廂情願的天真幻想，甚至衝擊到我的心靈深處，撥動最底層的心弦震撼。

伊利安貝林（Baliem）谷地的達尼（Dani）、雅雷（Jale）族被傳說有殘酷殺戮的食人習俗，所以這趟旅行前幾乎沒有朋友鼓勵，我只好當作是一次出走，把自己從所謂「文明」的地方暫時放逐出來，來到一個有如《野蠻遊戲》（Jumanji）所謂的「原始」地方，面對迥然不同的生活形態、生存形式，特別是生命價值。飛機橫渡於南中國海到太平洋的遼闊海面上，我陸續撥快三次手錶，才調整好印尼萬島之國東西的時差，世界第二大島新幾內亞終於在濃厚的雲霧中映入眼簾。

其實這次我根本沒有預作任何行程安排，所以早把留白的心情掏得空空的。不料，午後一場突如其來的暴雨，攪亂了我繼續飛往內陸貝林谷地門戶瓦美那（Wamena）的航班，也拖延了一天才趕辦拿到進入達尼原始部落群的入山通行證。折騰好一會兒，直到翌日傍晚我終於僱好吉普車，從瓦美那出發，沿著山谷與河道交錯的崎嶇小徑前行，目標是達尼人的原始村落。偏偏言語不通，當地人在你用英語問第一句「Can you speak English」時，都會毫不遲疑地說：「yes」；但是接下來除了「OK」以外就什麼都不會。我試著把人與人的溝通表達方式徹底歸零，努力比手劃腳之後，在這天色漸暗的荒郊野地裡，只得知小車司機的名字叫艾巴努斯（Ebanus）；其他就剩下我們兩個年歲相仿的男子，在前座不時相互從臉上堆出憨傻尷尬的笑容。

約莫一個多小時後，車子開到一條名字叫傑可尼（Jekni）的濁河急流邊，車上遠光燈一照，驚見前方的木橋竟被大雨後暴漲的河水沖掉了一半。稍不留神，憨傻的艾巴努斯竟然讓左前輪尷尬滑陷到泥淖裡，頓時車身劇烈傾斜晃動，行李背包也跌到窗邊。我爬出車外，看他運用四輪傳動仍動彈不得，甚至有些愈陷愈深的跡象。使勁兒幫他推車倒出泥濘，卻濺得我滿身是泥。

月亮出來了！

雨後夜空潔淨，襯著圓滾飽滿的月亮又大又亮，把我們臉上進退兩難的尷尬顯影得如此清晰。悶著滿肚子的怨氣，好不容易清洗乾淨身上像「101忠狗」的大麥丁式爛泥點，蹲到艾巴努斯身邊，看他怎麼辦！我終於在匆忙趕路的慌亂之餘，第一次仔細端詳他漆黑的臉——大眼、大鼻、大耳、大嘴擺在一個長方大臉的輪廓上。月光把他額上油黑的皮膚映照得光潔明亮，特別是他依舊天真燦爛的笑容。

我們八輩子也想不到自己會有這麼一天：跟一個血緣、文化、語言毫不相干的陌生人相遇，還一起被困在新幾內亞島上內陸荒涼的山谷裡。是啊！既然連我想開口向他說點抱怨發怒的話，他都聽不懂，何妨乾脆向他學習一次，平心靜氣地一起欣賞月亮。

夜總是漫長的，尤其在異鄉看月亮的夜。

雖然有時看看月亮滿好的，但是我不遠千里到這一般人所稱「蠻荒原始的民族博覽會」之地，難道看幾天月亮就回去了嗎？原本聽旅行社說「那種地方」去個半天，照張相就足夠；

這一耽擱恐怕得待上好幾個半天，自己離境的班機都不知道能否趕上？

我警覺到，此刻心中的煩躁與困惑似乎並沒有因為我離開繁忙擾攘的台北而結束，反而像自己手腕上的錶牢牢跟著我，隨那時針、分針急遽旋轉累積。側頭看看艾巴努斯，肥壯的手不知在忙些什麼？難道他不擔心我不付車錢、不擔心今天他確定回不了家？還真不得不佩服他臉上始終如一的樂觀自在，對比起我這心急如焚、栖栖惶惶執著於所謂旅行計畫的遊客，實在有著極大的落差。說也奇怪，我旅行是為了逃離工作來此休閒，他陪我旅行是為了生活開銷必須工作；結果為什麼休閒的人心煩氣躁，工作的人卻悠哉自得？看來「改變環境」並不見得能「改變心境」，當下如同先前突如其來暴雨衝擊的「心靈課程」，好像比這一趟「旅遊行程」還耐人尋味。

沉浸在伊利安貝林河谷夜晚交響樂聲的天籟中

「哇！哇！哇！」

「哪撲壘！」

腦海中一連串疑問被艾巴努斯土語的喊話打斷，著實嚇我一跳，驚悸中甚至不由自主地閃過台北那幾則凶殺命案的恐怖。誰教我正身處杳無人煙的深山，又和一位「食人族」苗裔獨處。

經過他用雙手比出三次抱娃娃式的動作，以及一句辛苦擠出的英語：「Welcome」，我才意會到他大概是在說：「來！來！來！」（Come! Come! Come!）「歡迎！歡迎！歡迎！」（Welcome! Welcome! Welcome!）再定睛一看，他手中採集了不少野地新鮮的花生與薯芋，更加肯定他的善意，害我慚愧得有點抬不起頭來。

就在我們把阻斷行程的可惡小河，變成清洗晚餐的可愛小河時，我才真正開始鬆綁被都市僵化的束縛；因為剎那間，嚼食著清甜的花生，首次聽到整個山谷潺潺的流水聲，以及此起彼落清脆的蟲鳴蛙叫，沉浸在伊利安貝林河谷夜晚交響樂聲的天籟中。深夜偶爾有幾隻傻笨的公雞亂啼，引來我們大笑。笑的不只是雞，而是他——艾巴努斯只不過用手指指月亮，再裝成一隻正在打瞌睡的烏骨雞，我就完全明瞭他試著告訴我：那些睡眼惺忪乍醒的公雞誤把出奇皎潔明亮的月光，當成是黎明泛白的曙光而亂啼。

從來不知道，等待也可以成為旅途中最有趣的行程。

艾巴努斯到林中小解，我則繼續享受著月下野餐的稱心愜意。我拿起洗淨的薯芋猛往嘴裡咬，終於嚇到他。艾巴努斯來不及阻止我，就大笑地翻轉跌回自己才用尿滋潤過的草叢。當他纏著蔓藤跑過來時，我早已唇齒麻澀疼痛扭曲，必須把頭浸入氾濫的河水中。其實到現在我都搞不懂：為什麼生的花生人能吃，生的薯芋卻能吃人？課本與聯考沒背過的知識，讓貝林谷地又出現了我這個比大公雞還笨的笑柄。

看來需要學習的課程還真多。不過我的勇於嘗試更拉近了我和艾巴努斯之間的距離；他隨即興致勃勃挑出一截纏在身上的乾藤，再撿一根硬木的枝條用雙腳踩著，下邊堆了一把枯草，兩手來回拉動細藤，不一會兒火星竟然冒出來了！中國遠祖燧人氏的鑽木取火，如夢似幻地展現在我眼前，熊熊烈焰將那好幾十萬年的時光燃燒在於這一瞬間的溫存。我們分享祖先的火、分享熟燙的薯芋，也分享超越人種、國度……溫暖的信任。

對於「原始」的艾巴努斯而言，大自然信手拈來都是真實的生活智慧，反倒我這所謂「文明」人，像個被廢了武功的俠士，只能愣頭愣腦跟著他體會自然「原始」，也跟著他小心過橋繞道步行。他不管擱在泥堆裡的吉普車，我也不管擱在腦海裡的問題——到底要走去哪裡？

月光實在太亮了，照在前方崎嶇的山徑上，令每一顆石粒的反光，都好像是身後來車的大燈照亮。於是，我也像受到月光愚弄的公雞，每走一段路猛抬頭，就有不自覺想閃躲身後來車的衝動，一如幾十年來習慣行走在台北的狹窄巷弄間，練就一身在驚嚇中被喇叭驅趕，便快速閃進路邊泊車縫隙間的能力。現在制約反應使然，不必喇叭聲，我們也會在暗巷的背光中自動讓路，比俄國心理學家實驗聽到鈴鐺就分泌唾液的狗還可憐。其實這荒涼原始野地哪有車呢！艾巴努斯絕對無法體會我們這群在先進文明中飽受驚嚇、競爭成長的人，處處都有糾結惶恐、杯弓蛇影的心情。

他果然以為我怕黑或走不動了，伸出那雙比黑夜更黑的手，一面拎過我肩上的背包，一面像保護孩子似的牽著我的手。又說了一句我聽不懂的話：「哪撲壘！」

我相信，這樣的黑夜比別人的白天光明；一如「原始」落後的自然也比虛偽造作的「文明」清新可愛。

被簇擁加入「跑來跑去」的征戰行伍

夜裡我們借宿在山區民宅。隔天上午出發時，主人一家早就上山幹活去了，如此信任僅留下我倆這般貪睡的孩子，帶上門就忘了主人的長相，也沒道聲再見或是致謝。口乾舌燥的時過正午，我們總算進入達尼族人村落的外緣。我眺望到一座約兩層樓高的瞭望塔，全身塗著豬油、繪滿白點的戰士正向我射來好幾箭，然後就從木樁式的階梯爬下來。

艾巴努斯嚴厲阻止我再前進，同時聽到斷續傳來對陣吶喊的吼叫，看來達尼人一定又在和雅雷族或是宿敵古列魯（Guleru）族打起仗來。由樹叢間望去，及膝的莽草上出現

▲能被原始食人族部落接納，穿梭時光隧道進入他們的村寨是難得親身體驗的機會。

▲世界第二大島新幾內亞有四百多個民族、七百多種語言，也讓我接受文明和原始的洗禮。

兩團黑雲，彼此拉鋸式的輪流追趕，好像草浪上的潮汐，隨著戰士手中撐起的長矛正有如晃動著船桅。他把我一個人丟在村外，單身一個人跑去了解爭鬥戰況；我的心也陷入爭鬥——是否該偷偷尾隨，親睹石器時代的古老戰事？

浮動的心不過幾分鐘就被三隻豬給平息了。牠們不知是不是村民放養的？不時吃泥嚼草有意無心地湊近我的腳邊；我輕撫牠們，居然立刻側躺下來讓我撫摸，我的兩隻手摸到忙不過來。沒想到後來我竟笑著在等戰爭結束，艾巴努斯也笑著回來大叫：「哪撲壘！」

這次沒嚇到我，卻嚇走了豬。

他不由分說拉著我就往古戰場跑！我已經無暇猜測：他們是不是要請我出任超然的國際戰爭裁判？還是剛巧缺一名聖戰士？抑或雙方決定用一個「外國人的大頭」來研商停戰協定？直到我被「放」在瞭望塔旁邊，才猜測自己大概是被特准觀戰吧！族長亞里（Yali）還拿了一支長矛放到我手裡，接著我繼續被晾在一旁，不明就裡一動也不敢動，活像座小瞭望塔。

▲我褪去了所有外在文明社會的枷鎖，在原始部落裡看到了真正的自我。

▲不要怕，食人族的原始戰爭比我們外面先進社會還要文明。

我真像進入時光隧道，雙方交戰爭鬥、你來我往，不但不知是為了什麼。基本上我連誰是達尼族、誰是雅雷族也分不清，誰讓他們都長得一樣的黑黑模樣，也用一樣的長形瓠瓜當作私處護套「柯台卡」（Koteka），那是僅著盛裝的軍服。媽媽啊，這時我心裡想，既然大家都是一樣的人，何必打仗爭鬥呢？是不是從我們的遠古祖先時代開始，人類除了各自學會用火、製造工具武器外，也都不斷進行許多無謂的爭鬥？面對他們近似拉鋸遊戲式的戰爭，一方叫囂讓對方追，然後再反過來，我看了幾十次來來回回的追趕，卻都沒等到短兵相接。

不久，在一次族長跟我的目光交集後，我也被簇擁帶入征戰行伍，可是我什麼都還沒開始學就要打仗啦？媽呀！他一手猛打我下體的私處、一手重擊我手上的長矛，好像是在說：你是個男人嗎？男人就要上前線打仗啊！不是早把武器放在你手上了嘛！還待在這裡幹嘛？你到底是笨還是壞呀？看了那那那麼久，還不快進來一起進攻打仗啊！

我只好勉為其難加入這場「跑來跑去」的戰爭行列。先在周邊側翼隨行，後來似乎慢慢抓到了他們行軍的節奏規律，索性鑽到中間，繼而又靈敏竄跑到前面；有幾次我跑得太前太快，沒有注意到別人都撤退了，我還身先士卒發傻地直搗敵營，還好被幾個達尼夥伴一把給拉回。原來這場石器時代的「原始」戰爭非常「文明」，規則就是只要有一個人受傷或死亡，戰爭立刻結束。然後所謂的「食人族」是讓傷者被其同僚帶回去治療；一旦有人死亡，那就給敵方帶走吃掉以安撫亡靈，並汲取其生命能量。好險，我不是那個給亞雷族更換今日主廚菜單的佳肴。後來我方達尼戰士一人腳部遭對方的雅雷長矛刺傷，戰爭立即戛然而止，雙方果真遵守規則。兩邊人馬只忙著隔空對罵叫囂爭吵一番，再算算戰士人數沒有其他傷亡，於是各自帶隊退離了戰場。

在村寨的入口外，大家開始唱凱旋歌，年長的在中間，年輕的繞著他們跑，歌聲嘹亮震天。我總算被看成是其中的一份子，畢竟我曾幫他們抵禦外侮，就這樣迷迷糊糊跟著他們一起敲矛槍武器歌唱行進，從小小窄門底端的防獸柵欄梯子，爬進了達尼人傳統古老的村寨裡。這時全村的人都向我包圍過來，由兩個人把我舉坐到他們的肩頭，還帶領大家一起對我大喊著：「哇！哇！哇！」

「哪撲壘！」

戰爭莫名其妙的開始，又莫名其妙的結束。現在剩下我莫名其妙地聆聽，確定他們應該是用短短的三個促音「哇」表達「來」（Come）和「歡迎」（Welcome）之意吧！但到底什麼是「哪撲壘」？不僅艾巴努斯掛在嘴邊，連他口中的「爸爸」布哈（Buha）和族長亞里都這樣對我說。

穿上「柯台卡」瓠套，我是摩登原始人

現在我至少完全確定艾巴努斯把我帶回了他最熟悉的地方——他位於山谷中的老家。當

然，我更深切體會到，這群完全沒有年齡概念的「原始」民族，還保有著一種最「文明」的愛，那就是「把自己所喜歡的人，都當成是自己的家人」。難怪他們連祖先的木乃伊，都從馬蹄形圍繞村舍盡頭的祖靈屋內，抱出來給我看、要我摸。為了隨時感念「原始」祖輩的音容宛在，他們竟然天天和功勳彪炳的祖先（那幾具燻烤的乾屍）歲歲年年、世世代代都睡在一起，這是一種多麼真摯奇妙的傳統「文明」！

烹食敵人的肉、把敵人的頭骨當枕，如果以上這些算是伊利安原始部落擔心惡靈復仇的「恨」；那麼，留下先人的屍骨同住或是婦女為男性至親死亡，以石斧斷指一節、塗泥於臉到全身，背著黑玉石板的「碣」或「戒」（Jie）哭一整年，就是他們詮釋最真誠之「愛」的方法。強烈直接表達的「恨」與「愛」只是文化的形式與我們不同罷了，內涵並無二致。

整個下午我跟著他們從頭學習這種愛恨情感，也努力學習用骨刀、竹片切肉，用剖開四分之一的木條夾放滾燙的石塊，然後，一層菜、一層石、一層肉反覆鋪墊於村內中心的土坑裡燜燒烤肉。餐後，我被准許和男人一起用茅草屋頂當靶引弓練習打獵射箭，再一起鑽進「女人屋」與「長屋」裡，看達尼女子串果籽薏仁做項鍊的手藝。休息好了，大夥行經庫路魯（Kuluru）小村爬上陡峻的山路，前往山頂一個名為以路愛（Elue）的小鹽池，青年男女會用削片的芭蕉莖膜纖維浸泡汲取鹽鹵，再回村內經過七日陽光曝曬，取得內陸高地民族珍貴的食鹽。

走回村子，我才想偷睡一下，調皮的艾巴努斯拿來達尼傳統的男性陽具護套，要我穿上。

看他自己也換上這「套」民族服裝，我又何必矜持呢？也許這是我此生僅有一次當「摩登原始人」的機會，何況，被一個人與整個村子接納信任才是最難能可貴的機緣。

於是我們躲到長屋後面的玉米叢裡進行換裝工程，每個男子似乎都把我當成參加成年禮首次戴瓠套的孩子。我這才知道，被稱為「柯台卡」（Koteka）或土語「歐吝」（O'lin）的細長護套，其下方開口處有一個很小的苧麻圓圈，必須卡緊栓住男子左邊的睪丸，陰莖則完整由上套入之後向上拉起，頂端有獸毛與彩繪裝飾，還有一條隱約可見繞住整個腰圍的苧麻細繩大圈。隱忍著陰部的束縛，特別是蛋蛋似遭扭擰閹割的劇痛，我努力學習原始部族的文化，讓自己熟悉的文明回歸原始，用這一種直接的古老「束縛」徹底鬆綁都會文明堆積於心靈上的無形束縛。

媽媽，您無法想像我就是這樣，從原本必須穿著鞋子緩步行走，一直練就到可以輕巧地跟著他們打赤腳奔跑、爬樹、踩高蹺，追著傍晚叫聲價響的蟬鳴蹬上跳下。我們快樂極了！人類本來就不必用固定形式約範，朝九晚五規律的生活形式、西裝洋服所包裹的生命形式、急功近利所定位的生存形式不見得錯，錯在人們把這些手段當成目的，錯在我們即使卸下那些形式的枷鎖，依然無法從質樸單純中找回心中的快樂。

蟬聲一直叫到天黑，從田裡與鹽池忙碌回來的婦女，額頭上掛著垂至身後的「素袋」（Su），和蟬聲一起消失在昏暗的暮色中。入夜漸涼，我與男人們蹲在又名「祖靈屋」的男人屋裡，艾巴努斯牽我到圍牆如覆碗式小木屋中心的火堆邊，大夥兒各自雙臂交叉抱胸搭肩蹲坐取暖。看他們輕鬆地加柴生火，我也試著想學他們用竹管吹柴以便讓炊火更旺。不料我吹到柴下的灰燼，頓時噴得滿頭滿臉，站起身又被濃煙嗆咳個不停，真是十足的活寶蛋。逗得他們大笑，一一過來抱我這個笨孩子。大家又是此一句「哪撲壘」、彼一句「哪撲壘」，再把我用力拉著蹲下，才不會被上升的濃煙嗆到了。他們包容一個正在學習原始的文明人，我也努力調適成為一個文明的原始人。

顯然我已經完全被族人看成是家裡的一份子，這個晚上我分到了三個火烤煮熟的薯芋當晚餐。其中一位較會說些英語的中年人陳述到：繼荷蘭人之後，印尼政府擁有新幾內亞島西半部伊利安的行政管轄權，曾經下達過男子瓠套禁令，要求達尼等族的男人必須穿上褲子。近年在外國觀光客熱中購買瓠套當紀念品的趨勢下，政策才逐漸鬆綁；不過若是男子這樣穿戴去學校、上教堂仍然是不被允許的。聽到這裡，我猛然想起，當年台灣不也曾下達過蘭嶼傳統丁字褲禁令，規定自稱達悟的雅美族男人必須穿上西式褲子！當時不少被俗稱為「鍋蓋」式髮型的族人，可能就和達尼人一樣曾經抱著褲子躲警察，不得已要被逮捕罰錢時才趕緊穿上。當局也曾以「改善偏遠地區民眾生活」的美意，下令拆除象徵南島文化的蘭嶼傳統地下屋、工作房和涼棚，改建成燠熱狹窄的國民住宅，美其名是「嘉惠」台灣唯一南島語系海洋民族。還好現在兩地的觀念和政策都已改變，回過頭來更加尊重當地的傳統文化；只是現在你想求年輕一輩的原住民穿著傳統服飾，他們可能反而還會嗤之以鼻呢！

吹打竹口簧琴，超越陰陽時空的文明感動

「嗡……嗡……嗡……」

一陣奇妙的聲響把我從沉重的思緒中拉回，定睛一看，這次不是「三隻小豬」的童話故事，而是艾巴努斯看似蒼老年邁的爸爸布哈在餐後吹打起竹口簧琴。我全神貫注地聆賞，彷彿尋找什麼奇妙的線索。只見艾巴努斯隨後接過口簧琴繼續吹，族長亞里、老爸布哈與我都在聽，沒有人再講一句話。這或許正是男女分際極嚴的達尼社群體系中，每天晚上男人在餐後的唯一消遣。一夫多妻的家庭裡，男女必須分屋而眠，連女子懷孕至生產後的四年間均嚴禁行房，並不像外界對於原始部落可能雜亂隨便的猜想。

老爸爸和艾巴努斯繼而又一起各自彈奏起手中的竹口簧琴，好像傳承兩代文化一樣彈拉共鳴。實在吹得太好了，連族人都被深深吸引而聚精會神。原來這支竹口簧琴就是台灣泰雅族、賽德克族、布農族一樣的「口簧琴」，也是雲南納西族、彝族、栗粟族的「口弦」。他們的大嘴與豐厚的唇頰剛好形成絕佳的共鳴箱，琴縫中的小竹籤任他們充滿勁道的右手指，彈拉出和諧的音階旋律。沒有文字的民族此刻正用挑動心弦的音樂，奔流出人類原始文明血脈的口傳心授。我發現他們不必裝上台灣泰雅族特有的金屬簧片，就能打奏出如此清脆悅耳的聲響。當然我更萬萬沒有想到，初相遇時在瓦美那還一身牛仔裝扮的司機艾巴努斯，竟然會在他的父親跟前流露出如此溫文多情、饒富典雅傳統的一面。

媽媽，在我的世界田野調查旅行歷程裡，從歐洲德國到葡萄牙和英國、俄羅斯西伯利亞布里亞特族、亞洲北海道愛奴族、蒙古族、錫伯族、吉爾吉斯突厥族，到海峽兩岸與大洋洲新幾內亞的南島語族，全球不論白種、黃種還是黑種民族，幾千年來竟然共同流傳使用著同一種古老的樂器。究竟是相互傳播學習，抑或像發明用火一樣，各自發展不得而知，但卻同樣藉著大自然的竹片、木材或金屬，在歷史文明的長河中體現人類共同追尋的夢，也在原始亙古的期待渴望中，流傳綿延著超越陰陽時空的文明感動。

我聽得太入神了！這種旋律讓膚淺幼稚的我，幾乎探觸到祖先世代繁衍的歷程，攪動著我的心。腦海中盡是翻騰的思緒，眼眶中盡是激動的矇矓。今晚，新幾內亞伊利安的達尼原始部落裡，竟然封存珍藏了人類遠祖尋夢探索文明的軌跡。

夜裡我和族人一起睡在祖靈屋上方的夾層草墊上，雖然是通鋪式亂草攤成的「床」，我依然沉沉睡去，就像回到家裡的彈簧床上一般，耳畔則還是不斷縈繞竹口琴充滿生命力的旋律。我真的變成達尼人的孩子，乖巧陶醉在古老的樂音中，平息了此生所有的煩躁不安。

將要睡去的一剎那，輕撫著溫暖的草床，我終於恍然大悟達尼人祖傳設計的圓屋內為什麼沒有窗子、也不用蒙古包的煙囪，儘管房子的形狀像個覆碗，又像個度假小屋。原來在晝夜溫差極大的貝林谷地，午夜氣溫驟降，必須藉著屋內煮食的爐火升煙烘暖上層的草墊以禦寒。看來人類許多知識智慧，並不需要過多語言文字贅述，人類從所謂「原始」到「文明」

的歷程，就是這般口傳心授地傳承著。緊緊握住鬆暖的草枝，我知道夜裡它們會一根根攀爬布滿全身，為我做一次原始文明的重新洗禮。我正像一隻在台北籠子裡被所謂先進文明養大的紅毛猩猩，現在送回世界第三大島婆羅洲同樣的原始雨林家鄉；回家向自己的原始族群努力學習、細心體會，也竭力掙脫西方主流文明那些僵化的桎梏枷鎖。

一夜無語。

啊布啊斯喂，人生是一起玩、一起分享的遊戲

清晨，我被一陣細碎的說話聲吵醒。

暗暗的夾層上只剩我一個人，賴在乾草墊上什麼也看不清楚，卻能把下方傳來的聲音聽得更為清楚。我挪動身軀，把腦袋鑽到夾層通往下方屋內樓梯的方形洞口，只見艾巴努斯一個人站在祖靈屋內的爐火前喃喃自語。

他身後的小木板門敞開，刺眼的陽光把他的身影與屋內的塵土勾勒得如此清晰，連爐火堆中餘燼的輕煙飄渺都一如阿拉丁神燈般夢幻。我想聽聽這聲音的來源，倒底艾巴努斯在說些什麼？他居然一個人兀自面對著懸在祖靈台木乃伊的小草袋，喃喃自語咕噥說個不停，還不時比手劃腳，說得那麼認真、那麼誠懇，連聽不懂的我都為之動容。

他一回頭看到我，嚇了一大跳。

要嚇到悠哉的艾巴努斯真不容易，笑得我差點滾下樓梯。他十分靦腆，但還是一樣用力地叫了我一聲「哪撲壘」。然後，用手指指我，再用手勢動作把他的身體裝成一架大飛機模樣，口中模仿著隆隆的引擎聲。陽光將他結實的肌肉線條刻畫得紋理分明，晃動的「柯台卡」護套儘管有些滑稽，但我同時意會到今天就是我搭機回家，離開伊利安的日子。他是在自言自語地告訴祖先：請他們護祐一位流落遠方，圈養在都市叢林裡難得回到原鄉的達尼苗裔。

我也向艾巴努斯喊了一聲：

「哇！哇！哇！」

「哪撲壘！」

「哪撲壘！」

「哪撲壘！」

此刻排山倒海的感觸霎時翻攪襲來，這也是另一件我八輩子想不到的事：人與人的關心祝福竟然可以不用言語、不憑血緣，直指人心流露無遺。我笑著躺回幽暗的草墊上，除了淚水滴在草枝上的聲音外，只有那句「哪撲壘」、「哪撲壘」還是「哪撲壘」！艾巴努斯忘了他還困在山裡的車子；我忘了今天是該回家的日子；原來我們都是達尼族一家人哪。

怎麼回事？

我現在要「回家」了，卻像「離家」一樣傷心？

異鄉與故鄉的界線，從未如此模糊。

艾巴努斯和他老爹爹堅持要送我去飛機場。其實他們不堅持也不行，基本上，我根本不曉得自己是在地球的哪一個點上？現在我才知道艾巴努斯早就為我約好了一個害怕食人族而死也不肯進村子的印尼司機，雙方約定就在七個日昇日落之後，到村外那天三隻小豬打架的大樹下接我去機場搭飛機。

整個早上，他們都在忙碌地喊叫張羅，我只扮個「失憶症」兼「失語症」的傻孩子，又看著大夥兒忙進忙出。十點多，車子來了，是一部有些老舊簡陋的敞架貨車，專程來接我一個人走。我突發奇想，跟這個印尼司機打商量：我付他雙倍的錢，讓村民跟我一起跳上車，一同出發前往瓦美那機場幫我送行，然後他再把大夥兒送回這裡。

終於，行進間坐在前面的我，伸出頭回看他們蹲在擁擠顛簸的車後貨台上。我靜靜注視每個人的臉，他們是多麼的快樂，洋溢著閃動的笑容。是不是因為他們正要去一個充滿「文明」的地方？那裡有市場、有菜場、有機場；而我的心為什麼這麼悲傷？是不是我正要離開一個充滿「原始」的地方？這裡沒有市場、沒有菜場、沒有機場。

文明與原始的界線，從未如此刻模糊了。

若非我實在比他們白太多，否則瓦美那市場、菜場和機場裡的印尼人、馬來人必定在側目之餘，還被徹底嚇到，以為大山裡面的食人族跑到市區來出草鬧事呢！後來大家口耳相傳的，應該認為村民是在為一名首次搭機遠行的達尼族人送行吧！因為一個達尼人的村子就是一個大家族，全村二十幾人包括老人或族長兄弟的妻妾與孩子，現在全都來到機場。只不過讓大家跌破眼鏡的是，眾人定睛一看，老天爺啊！怎麼是來送個八竿子打不著的東方人！

進入機場，這次的告別真是轟動不已，到處議論紛紛。

辦理機票劃位的櫃檯地勤服務人員接過我的護照仔細端倪，幾乎算是代表所有環視我們的人群，問出一個大家同感好奇的問題：

「他們是你的……」她問。

「朋友。」我答。

「你會講達尼人的話嗎？」她又問。

「一句都不會。」我答。

但是，這一次我忽然想主動回問她：「那妳會說他們的話嗎？」

「哦！會一點。」她答。

「那麼請妳告訴我，到底什麼是『哪撲壘』？他們一天到晚見到我，每一個人老是對我喊著：哪撲壘、哪撲壘又哪撲壘的！」

聽到我的這段話，她驚訝地跳了起來，急忙用當地的方言跟旁邊的人紛紛轉述，也不直接回答我，眼角卻泛起了微微淚光，有些激動哽咽到一時間講不出話來。

「『哪撲壘』就是……『我的孩子』。」她說。

原來「哪撲壘」的意思就是「我的孩子」！

媽媽啊！原來從我加入戰場、踏入村寨，一直到我穿上他們成年男子的瓠套，他們自始至終都把我當成是他們失散多年流落異鄉的孩子，所以耐心教導我學習每一件族裡的生活瑣事，還讓我認祖歸宗的觸摸了老祖先的木乃伊乾屍。難道他們真的不知道我已經老得不是個「孩子」了嗎？不然怎麼村子裡的每一個人看到我，老是對我喊著「我的孩子」，又處處把我照顧保護地就像他們的孩子一樣。

偏僻的瓦美那機場可能從來沒有如此熱鬧過，機票劃位櫃檯前現在站滿為我送行的穿著「柯台卡」護套的男人，以及全身上空，只圍著下襬肚兜草裙的女人。挑高潔淨的候機大廳吸引族人們興奮好奇的目光，尤其當行李稱重的數字顯示器跳動變換時，更引來嘖嘖稱羨的驚嘆。誰能明瞭在這個原始與文明交會的地方，我們彼此正交會著告別前矛盾的心情。領到登機卡，一名也是達尼族卻身穿海關制服的人員，用不甚流利的英文提醒我：「They 'no' come.」——送行的人不能繼續進入候機室。他也用土語告訴我身後的族人，並把我隨身的手提行李推進X光檢視器，我則轉身面對這群幾天來讓我檢視心靈的朋友們。他們或許因為我，第一次與瓦美那文明的市場、菜場以外的機場交會；我的確因為他們而與亙古心靈的原始夢土交會。

我跑回去櫃檯對剛才那位女士說：

「妳剛才問我，他們是我的……？我再回答妳一遍好嗎：『哪撲壘。』他們是我的……家人。哪撲壘。」

艾巴努斯的表情極其不自然。

他的爸爸布哈遞給他那支自己削製的竹口簧琴送我，我發現竹片上多綁了一大圈像刻台卡頂端搓編的草繩。當艾巴努斯把竹口簧琴套在我的頸上時，這次並沒再說「哪撲壘」，而說「啊布啊斯喂」。族長亞里、老爸布哈與男男女女、大大小小的族人都同樣說著「啊布啊斯喂」！

海關看我木然的表情，於是插了一句嘴：「這是『再見』（Goodbye）的意思，『啊布啊斯喂』其實是：Please come back (to) see (the) games!」

請我再回來看我們「玩」「遊戲」。

我緊握著艾巴努斯的手，不管他們身上塗的是豬油還是淌著淋漓的汗水，我使勁緊緊擁抱了每一個村民。頻頻向他們點頭，表示我一定會再回來看你們的，我一定再回來一起「玩」我們的「遊戲」。

「啊布啊斯喂——哪撲壘——」

機身滑動起飛的一刻，我還在向機窗外那群趴在鐵欄外的達尼族人揮手，彼此口中都是這一樣的語句。一直揮手揮手揮到我被雲層包圍看不到他們，我卻依然可以探觸到我們共同構建的那份盪氣迴腸、填膺胸懷且淋漓盡致的感動。媽媽，我是如此慶幸自己跨出這一步來到新幾內亞的旅程，如果之前我有些許猶豫躊躇的話，今天絕對無法在臨行前的最後一刻，探尋到他們生命快樂的泉源，好比我找到了自己生命裡一直遺缺的那一片最後拼圖。

終於——人生可以是大家一起玩、一起分享的遊戲。

在文明人眼中看他們好似平常的生活、平凡的生命與平淡的生存，其實正是他們天天在享受著原始玩樂的遊戲。封閉在文明都市裡的人們或許很難相信，這種遊戲仍然存在我們汙濁混亂的世界上，而且地球上仍然存有這麼一塊等待我們回歸自然、釋放心靈的淨土。人生當然可以是一場輕鬆快意的遊戲，而不必只是競爭傾軋、繁忙擔憂的經歷。自己選擇的善惡、自己採擷的喜悲，一旦等到遊戲結束時，再兀自盤點篩揀到底擁有多少永恆珍藏的心靈感動。

低頭注視垂掛在胸前的竹口簧琴，窗外已是晴空萬里，陽光閃耀著竹片上石鑿鏤刻的痕跡，既是達尼老爸爸臉上的皺紋，也是人類歷史文明蹣跚的步履，紛亂中自有一定的脈絡。艾巴努斯和老爸爸掛在我身上的竹口簧琴，此刻正躺在我的胸前，跟著我的呼吸心跳對話般一同起伏著。行者無疆，從此我們心靈相繫，足以任意隨喜穿梭在文明與原始毫無藩籬的天地之間。

媽媽，說也奇妙，我發現對於一切無解的人世疑竇煩憂，只要靜靜聆聽這支掛在胸前的竹口簧琴，就能乘坐那自然音律的翅膀，隨時隨地貼近我們心靈和諧的共鳴。

11 靈蛇救亡錄，西吉利亞的生與死一線間

一月斯里蘭卡

親愛的媽媽：

每次寫信跟您說一段段旅行告別的傷悲，特別是旅行經歷可能遭遇到危險死亡的威脅，其實都不如這一次在斯里蘭卡跟「死亡」這麼迫近……那天是二〇〇六年一月二十九日星期天農曆春節的大年初一，別人在闔家團聚過年，我卻要繼續孤獨地完成自己的旅行田野調查拍攝計畫，行腳走訪在南亞斯里蘭卡的叢林裡。

那一段經歷，真的讓我第一次掙扎煎熬在生與死一線的游離邊緣，驚恐地辯證自己生命的下一步到底該怎麼走？真正可怕的感覺就是這一種急切的不確定性——你既怕自己沒有做什麼努力而死、又怕你所做的一切努力都徒勞無功，最後還是得死，而且瀕死得如此莫可奈何到毫無尊嚴……你竟然可以極端清楚意識到自己怎樣一分一秒地接近死亡，卻又無奈什麼都不能反抗。殘

酷凌遲的死神簡直像隻貓，把你當成手到擒來的老鼠甩弄把玩，你一方面任牠得意嬉耍；另一方面又必須在燃眉的慌亂中，細細打量盤算，自己到底還有沒有一點點機會可以搏取任何求生線索。

凡是到斯里蘭卡觀光的旅客，通常都不會錯過這個號稱「世界第八大人工建築奇景」的西吉利亞（Sigiriya），它的原名是「辛哈基利」，意為「獅子之岩」，是早已列入聯合國教科文組織保護的世界文化遺產。讓人驚嘆的是，這個在一片熱帶叢林中矗立起的高一百八十三米的巨大天然花崗岩山峰，一千五百多年前，就由卡斯也帕（Kasyapa）國王在無法徒手攀登的不及一點六公頃的岩石頂端上，建造出了皇宮、蓄水池、亭台樓閣，還像空中花園一般栽種起樹木和奇花異果。

從下方仰望，西吉利亞像是聳立陡峻峭壁版的澳洲艾爾斯岩，從遠處上方俯看過去，它則有如一座飄浮在空中，唯美夢幻的祕魯印加馬丘比丘城堡。午後，包車司機把我放在整個獅子岩景區山腳下前方的入口處，約定好黃昏之前在另一端的側門處會合；我準備一個人依循石階攀登而上，參觀最著名的半裸仕女彩圖岩石壁畫、一對僅存的雄渾巨大獅爪石雕，還有最特別的是峰頂不可錯過的水畔古蹟宮殿遺址。當天是狗年的新歲初一，一早出發前便幫自己準備了一個像您過年都要為我討吉利的紅包，當作是昨夜除夕匆忙趕路忘記放在枕頭底下的壓歲錢。誰會知道這可能將是我此生最後的一個紅包。

跨過護城河，首先映入眼中的是在岩石下方一大片占地約七十公頃的花園廣場遺址，雅緻縱橫的水道、碧草如茵的庭園，綠意盎然。由於這已經是我第二次造訪此地，所以我非常清楚這條必經之路在筆直的大道兩旁，分布了許多古代用來接存雨水預防旱災的引水渠道。由於我堅持每一個旅行的國家一定要有自己實地拍攝的影片，所以即便十三年前我早就帶著照相機來過這裡，還是非要再跑一遍不可。

救了一條頭卡在可樂罐裡的大蛇

忽然間，我發現前方不遠處怎麼有一群人圍聚，好像正看著什麼饒富趣味的玩意兒，只聽見有人大笑、有人鼓掌，大夥兒興高采烈地議論紛紛呢！我也擠過去湊湊熱鬧。對於有經驗的旅行者來說，那裡一定有特殊可以拍攝的畫面。一看才知道，原來那裡有一條一米多長的大蛇，可能因為貪喝殘留在可樂鋁罐裡的甜甜飲料，伸縮自如的蛇頭就此鑽入罐中用蛇信舔食，沒想到蛇沒手沒腳，吃完後卻怎樣也沒辦法讓自己的頭退出鋁罐，於是就呈現這般諷刺滑稽又奇特的景象——一隻滿布花紋的暗青綠大蛇死命扭動著身軀，頭部卻是一個紅白相間的可樂罐子。

大家笑呀！

來自世界各地的遊客，不論東西方人，每一個都拿起照相機、攝影機猛拍，相互額手稱慶，好似自己趕上「太陽馬戲團」的獨門加演精彩戲碼，為他們原本平淡刻板的旅遊行程添加了免費的新鮮節目。

我擦身穿過幾位年長的美國遊客，蹲到大蛇的身邊拍攝，同時也有機會近距離觀察牠的情況。天哪！牠的頜頸處全是血！應該是被鋁罐鋒銳的邊口磨傷的……

大家還是笑呀！

一群人過去了，又來了一群人。還是笑呀！

我把攝影機放到採訪背心口袋裡，先用一隻腳踩住可樂罐，看看能否在固定罐子的情況下讓大蛇自己把頭鑽出來？遺憾的是，牠先前的扭動掙扎看來已經讓牠精疲力竭；於是我不顧眾人的嘲罵，擅自捏起軟綿綿的蛇頸，握住可樂罐把蛇頭朝上往外拉了幾下，竟然都拉不出牠的頭。旁邊的人叫我不要管，特別是一些英國旅客，好像在喝斥他們先前的殖民地子民一樣，紛紛指責我：為什麼你要把牠弄出來？你不知道蛇會咬人的嗎？你讓牠自己去死啊！幹嘛要管呢？我看著他們，無言以對。

過了一會兒，我用雙手把罐子與蛇身整個捧起來，丟下眾人七嘴八舌的煩言碎語，兀自從遊客密集的景觀大道把牠捧到廣場花圃遠遠角落的大樹下，還得避開大蜥蜴（Iguana）密布出沒的池塘畔。接著，我拿出旅行都會隨身攜帶的折疊式小剪刀，輕輕地剪開罐口。事實上，別說當時我可以體會到蛇怕死，說真的，這一刻我也一樣怕死——真害怕牠一出來就咬死我啊！所以，我一面兩手小心地剪、一面活像個正要去點燃鞭炮的膽小鬼，雙腳早已往相反方向擺好，以便自己可以隨時轉身拔腿落跑。回想自己的動作一定同樣諷刺又滑稽，還好四下無人，不然對比起方才那副勇敢威風的捧蛇英雄模樣，真是挺尷尬的。

牠比我猜想的還要虛弱太多。

當蛇頭終於滑出鋁罐躺到草地上的一刻，我發現更加諷刺滑稽的是，其實我根本不必對一隻早就奄奄一息的蛇擔心罣礙，同時把之前準備逃跑的雙腳改向池塘，趕緊奔去捧了一些水滋潤大蛇已經外垂嘴邊的蛇信，然後撿了五、六片麵包樹的大蒲葉，蓋住牠細長的身軀。想想自己已經耽誤了太多時間，必須趕著爬去上面看壁畫、看峰頂懸浮的好多個王宮水池哪！我又不是來斯里蘭卡做南亞海嘯賑災服務的台灣慈濟功德會。不過心裡這樣想，剛走開兩步，又像不想上學的孩子跑回大樹旁，不放心地掀開葉子看牠。不行！不行！牠的身體太長了，還有一大截暴露在外面呢！怎麼辦？萬一又被觀光客發現圍剿或是給大蜥蜴看到佳肴，我不等於沒有救牠嘛！於是我把牠的尾巴抬起來，以頭為圓心，順著將牠捲成一個不起眼的螺旋體。放妥後再次蓋上大樹葉，比埋寶藏還麻煩！

▲把受傷的大蛇放好後，我準備開始去爬上背後這塊巨岩頂上的皇宮。

峰頂上的空中城堡

我總算開心地開始爬坡往峰頂邁去，沿途在山腳和山腰下還穿過了一些奇特的巨石建築結構，很難想像當年在西元五世紀後期，是怎麼在懸空峭壁上完成如此蓋世雄偉的大手筆建築。原來興建此城的國王卡斯也帕跟我一樣，卡斯真的「也怕」死，十足像極了剛才怕被蛇咬死的我這個「膽小鬼」。原因在於據說這位王子曾經弒父奪位，自封為王，為了害怕遭到仇家報復，於是選中這顆大石頭，在上面興建王宮，獨居於此。從上面不但可以鳥瞰一望無際的萬畝良田，還巧思設計了至今成謎的機密水利系統，透過湧泉虹吸原理能把平地上的水源，一口氣抽上近兩百米的山頂，提供豐沛的飲用水外，潔淨的活水還能注滿好幾個大小不一的蓄水池，高高懸浮在令人嘆為觀止的崖頂之上。

這座過去抵禦敵人侵略的堅實堡壘，今日雖然在筆直的岩壁上，鑿出了鑽入石牆的登山甬道與懸空鐵梯，也留下狹小的石階或繩索供人攀爬；但是想要君臨天下，體會那種「世界盡在我腳下」的威權感受，到底是如何建造這座「天上宮闕」，至今一直是考古家和建築師探索的無解謎題。畢竟，在西元四七七到四九五年間，人們是怎樣攀爬上這一大面陡峭的岩壁？不但要在城堡兩邊分別雕上獅子腳與獅子面，還要把這麼多來自他地巨大又笨重的紅色石材原料，運上山頂去蓋國王的大宮殿——建造了這位篡位的多疑國王在獨立大岩塊上的皇宮。所有疑問都是謎中之謎。傳言古代利用一種類似「爬壁虎」的「人造機械八爪板車」沿著峭壁直上峰頂搬運建材興築皇宮，只是到現在依然無法證明，人類曾發明過這種機具。

沒想到只是這麼一個「王也怕死」、「王不想死」的單純念頭，卻換來一個傳世的神奇古蹟壯舉。儘管獅面的雕刻至今早已殘毀，但遊客仍可以和山頂入口處兩旁的超大石獅腳合影，一併遙想當年王國全盛時期的華麗壯觀美景。終於，我爬過千迴百折的螺旋梯甬道，抵達有管理員駐守的一個山洞，洞內狹窄的石牆上，畫有名聞遐邇的「石山美女圖」（Sigiriya Lady）。壁畫由來有一說是建築皇宮的工人因思念家鄉的妻子，傾注最深的真情繪出她們姣好的身段容顏；還有一說是卡斯也帕國王因為自己大逆不道殺父篡位，想要藉這些乳房圓潤豐滿的美女壁畫，安撫父王冤死的靈魂，以免累世輪迴咒怨，不斷折磨著他內在徬徨恐懼的心……

管理員看我非常入神地欣賞，走過來偷偷問我，想不想跨進欄杆裡面與仕女圖合影，他可以幫我拍照錄影。我當然了解這是一種輾轉討取小費的方式，於是我掏出一點零鈔放到他的手心，他迅速老練地墊墊斤兩，似乎已經知道要以哪一種規格來接待我了。而他也真熱心大膽，丟下一旁才魚貫進入參觀的老外不管，放任我享用貼近拍攝的特權，還不時轉過頭冷靜鎮定地對其他不明就裡又小氣的旅客們解釋道：「**He is a very famous archeologist!**」（他可是一位非常著名的考古學家啊！）冷不防聽到，害我差點把早餐都笑噴出來，還得忍住自己為了壓抑翻浪狂笑而引起的陣陣抽蓄。

他倒真把我當成一位專業的考古學家，認真帶領我去欣賞有一個手臂畫錯又修改過的仕女圖案；也提醒我應該欣賞哪一位仕女圖臉上的眼神；哪一位手指上掐著花蕊、哪一位頭上戴了皇冠、哪一位是仙女、哪一位是雪妖、哪一位的乳房一大一小……儘管有部分圖案已經被歲月侵蝕，當我細觀這些神祕山崖上的豔彩壁畫，它比中國古敦煌壁畫還要早上幾百年，不但色彩未褪色、線條又簡潔有力，實在令人為之神往。

同樣充滿神祕色彩的重頭戲，在經過這些壁畫之後再往上行，又是一段通天般的懸梯，一路驚心動魄爬到山頂的大平台，只見荒廢傾圮的石造建築群只剩下斷柱宮殿的地基。是誰這麼恨他？要把這裡剷平毀損破壞到這種地步？難怪篡位的新國王卡斯「也帕」一直「也怕」死，怕到他情願斷絕塵寰，來到這顆獨立的大巖石上孤獨地統治自己的王國。即使好似天天被吊在半空中被人髮指也要躲避人群，因為他不再信任人了——於是把自己監囚在心靈的桎梏牢籠，還擴建成為這整個「軟禁」著自己的空中城堡。

我走在恰似「世界屋脊」的石峰頂端大平台上，穿過荒煙漫草的廢墟，不自覺意識到卡斯也帕那一顆孤獨無助的靈魂。原來他才像先前扭動掙扎在人群面前那條諷刺又滑稽的大蛇，因為這一整片看似宏偉的皇宮，竟然只是卡斯也帕自己鑽進去套在頭上的可樂罐子罷了！世世代代都躲不過的魔咒籠罩著他，必須天天用腦袋頂著這巨石上的宮殿，孤獨屹立於萬里平野上供

▲跟大石獅爪和當地民眾合影時，竟不知死神早已偷偷來報到了。

後人評頭論足。最後，連自己想遠離人群的孤獨清淨都不能了償宿願；現在反倒好了，從清早到傍晚，絡繹不絕的遊客從全球各地前來參觀，豈不煩死他了？這些人群到底是來誇耀國王的建築奇蹟呢？還是說穿了根本像一群無聊又無知的烏合之眾、鄙夫村婦們僅僅是好奇地圍在一隻「可樂蛇」的四周，擺出同樣一副嘴臉在那裡指點議論，甚至肆無忌憚批判訕笑著「蛇」與「王」。

大家還是笑呀！一群過去了又來了一群。還是笑呀！

噗通！整個人掉入水池

夕陽灑在向晚的古蹟上，點化出誘人的光彩，我爬了一整個下午的山，終於有機會坐下來，剛好捕捉住鳥瞰平野落日的絕美奇景。紅紅大大的太陽把斯里蘭卡內陸的這個山巔襯托得如此絕塵脫俗，教我不覺怦然心動。特別是柔和的霞光虹影映在一個個大大小小的千年石鑿水池上，在晚風中擺

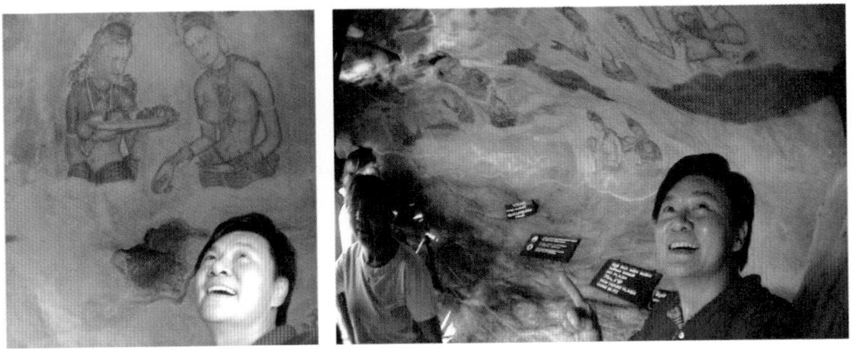

▲美麗的仕女圖代表工人對家人的思念，和山頂的美景一樣號稱看了死而無憾。

動起的漣漪波紋恰似一根根長長短短綁在豎琴上的弦，隨著夜的旋律正悄悄瀰漫洋溢、輕輕交響共鳴。

「太美了！」我低聲對自己說。心裡同時想著，能在白晝走到盡頭的這一刻欣賞此情此景，實在「死而無憾」哪！

看看手錶，不得了，已經要六點啦！等在山腳下另一邊側門的司機一定急瘋了！他現在必然像是在小學門口接兒子放學的父親，怎麼別家的孩子都已經出來了，就剩我們家這個毛頭小娃還沒影沒蹤呢？他當然不知道，我的蹤影還在遙遠的山頂上！我想這可能是自己這輩子最後一次來這裡，所以還是想要把該參訪的景點一一走完，一個也不能漏掉。

只見觀光客一個接著一個急急下山，唯獨我朝反方向跑，繼續上山，愈是貼近峰頂陡崖的邊緣，愈能推想當年大興土木的驚世壯舉。蓄水池高高低低分布設置在整個山頂皇宮庭院的下方，在暮色殘輝相映中最吸引我的目光。它們有的大到像奧運競賽的游泳池、有的精緻活像奢華的水榭歌台，也有的小巧典雅，根本就是東台灣石器時代麒麟文化考古出土的「石棺材」翻版。我回憶起多年來田野調查歷史記錄裡的「長濱文化」、「麒麟文化」、「卑南文化」，以及拜訪過巨石文明殘留的南島語系神祕遺址「都蘭石棺」、「長光石棺」、「白守蓮石棺」……喜愛做「跨文化對比」的我逐一如數家珍。

於是我走到山頂平台上最偏僻角落的一個蓄水池，我被這一個目測概約四倍於台灣史前石棺的大石槽給吸引住了。架好攝影機、設妥錄像裝置，我就開始仔細以熟練的學院派程序，依次檢測水池的長寬大小、深度容量、石材質地，以及它可能存有的水源供應與排水循環系統；當然我更好奇的是它建造鑿磨的精細工法，以及其中存放的水質到底如何？有沒有對外相通？

就在我正丈量到一半的時候，突然一個不留神雙腳打滑，整個人就噗通掉入池裡。對於像我這樣擁有 PADI 國際資深潛水執照，全世界游泳潛水經驗資歷頗為豐富的老手，實在沒有什麼好怕的。問題是，我第一時間警覺到這池子水深滅頂，我的腳又搆不到池底；火速游到池岸邊，邊緣的高度竟然距離水面還有一到兩米，也就是說我的手搆不到池邊。我有點慌了，趕快泅水沿著石槽的邊緣繞了不下十幾圈，活像一隻跌落陷阱的猛獅，竟然在這以「獅子巖」命名的地方，扮演一隻正在作困獸之鬥的獅子……我絕望地發現水裡居然沒有一個階梯繩索或任何一點點可以讓我著力攀爬上岸的東西，這一瞬間心裡百感交集，紊亂的思緒排山倒海向我襲湧而來！

蓄水池四面堅硬的石壁，是由一千五百年前的頂級工匠花了十年時間，直接以「鐵杵磨成繡花針」的方式，沿著花崗岩峭壁頂端向下巧雕修鑿，不但石壁密無接縫、石壁的頂部邊緣也不是直角的，全被琢磨成圓滑平順的傾斜弧度，意味著即使我想由水底跳起來，用十指摳卡攀住石穴的邊線稜角處，再撐起身體一躍而上的期待，根本就是「癡人說夢」。怎麼回事？此刻諷刺又滑稽卡斯「也怕」的人竟然變成是「我」，而不是「卡斯也帕」呢？原來我也怕死，而且怕得要死……原來我比卡斯也帕「也怕」死得多多！因為現在死神正咄咄逼迫著我，更如燃眉之急的是，我體會到四面筆直的石壁不正像一顆縮小的西吉利亞巨岩嗎？古代人可以攀爬上近兩百米的絕壁，去建築大宮殿與渠道水池，現代人如我，卻連這一面四米不到的池壁都無法翻越，幾乎只能坐以待斃。

我還是不死心，一直在水中不停地扭動著身體以免下沉，我知道現在更諷刺又滑稽的是：自己怎麼也變成了一條頭上頂著可樂罐的蛇呀！卡斯也帕頂著的「可樂罐」是一個怕人報仇而孤立在巨型石塊上的城堡；我頂著的「可樂罐」又是什麼？是不是我醉心古文明而一個人孤獨行腳、浪跡天涯的漂泊？

原來二十年來的旅行，讓我所追求的連具體的西吉利亞城堡都不如。我那些所有未完成的旅行計畫如果在這一刻被迫停止，那麼我累積拍攝記錄的所有影音、圖像、文字資料，將沒有人知道什麼是些什麼……如此，我畢生的心血將變成一座抽象虛妄的西吉利亞海市蜃樓。變換了時空、轉動了因果，不會再有人了解我在做什麼；就像其實我也可能根本完全讀不懂，甚至誤解了卡斯也帕國王當年、當時、當下的真正心情。因此，「我」將像「他」一樣，任憑世人指點議論，甚至同樣肆無忌憚地批判訕笑。對我……

大家還是笑呀！一群人過去了又來了一群人。還是笑呀！

笑我在水裡總算可以丈量清楚水槽實際的容積、笑我荒謬地淹死在自己研究的古蹟裡、笑我癡傻地溺斃在自己太過堅持追求理想的牢籠裡……

大家還是笑呀！

遺憾的是：到那個時候，先前將死的王和蛇都還有人圍著他們笑，但到了自己的死前……我卻連這等光景都沒有。這一刻在南亞錫蘭島國當布拉（Dambulla）地區的古文明城堡上，要是旁邊也能圍著些好事者該有多好，因為只要有人丟一根繩索給我，我就可以活下去的。抬頭一看，我倒吸了一口寒氣……我終於知道，非但沒有人目送我走完人生的最後一程，陪伴我到人生盡頭的，竟然是我剛才架設的那一台冰冷的攝影機——我居然意外諷刺又滑稽地錄下自己死亡之前的最後畫面……

到底是「我救了蛇」？還是「蛇救了我」？

「HELP —— HELP —— S —— O —— S ——（救命啊！）」我放聲死命大叫。

雖然我知道遊客都已經下山，預估最晚一批應該也早已經通過了山腰上方仕女壁畫的位置了。但我還是要喊叫，一直沒命的吼叫哀嚎……媽媽，這就是我所說的那種你怕自己做的任何努力都可能徒勞無功，但還是拚了命努力去做，似乎就怕自己錯過任何一絲絲黃金時機，只怕少做一樣——就要「死」。

天色更為黯淡了！我想起斯里蘭卡獨步全球的南方古老傳統海釣法——

一個個漁夫會在同樣的黃昏暮色中，爬到一根根海浪沖打的細細木幹上垂釣。深入斯里蘭卡內陸之前，如果不是我跟沿海漁民生活了一段時間，得到他們完全的信任接納，破天荒准許我爬上木樁一起釣魚的話，我絕對不會曉得他們的魚鉤是完全不用餌的。因為光是海浪的潮湧就帶來豐沛的浮游生物，也吸引來到此覓食的小魚群。潮湧的衝力給魚兒「生」的食物，也給牠們衝掛上魚鉤一命嗚呼而「死」的詛咒。原來我就是一隻游著游著就要自掛

▲我親身體驗了斯里蘭卡南部傳統的定樁無餌海釣方式。

上鉤去送死的小魚……沒想到孤獨艱辛去追尋記錄古文明的結果，竟然也如海湧給了我現在「生」與「死」的無情探索。

只不過小魚不斷游來這裡是為了覓食，而我不斷在這裡原地游動，卻是為了求取最後可能的一線生機。偏偏入夜後氣溫驟降，泡在水裡游了許久的我，畢竟不是一隻魚，不但精疲力盡氣喘吁吁，也已經頗感寒意襲人，身上盡是雞皮疙瘩，外加止不住的抽搐顫抖。我第一次聽到自己急促的心跳聲，竟然比牙齒哆索的碰撞聲跟口中的喘息聲還要大啊！

「太慘了！」我低聲對自己說。

心裡同時不甘心地想著：能在生命走到盡頭的這一刻領悟到此情此景，實在是「死得太慘」哪！我後悔自己方才說什麼自己看到今天絕美的日落晚霞會「死而無憾」云云。泡在水裡的我，現在確知大小石槽裡的水應該全都是活水，因為我的四肢末稍一直觸碰著絲絲流動的感覺；可是池水卻呈現出完全不透明的碧玉色，讓我原先誤以為它是一灘汙濁的死水。

我已耗光體力，沒有心情再去佐證誇讚卡斯也帕國王水利建築的蓋世成就。此刻的我只盤算著：明天最早的第一批觀光客，大約要到十點多才會爬到這個山頂的平台，屆時我要不是早就被山巔迎風面的冰水「凍死」，就是四肢一直划水操磨到「累死」，再不然就是睏到睡著而沉下去「淹死」……總而言之，我絕對等不到明天日出的太陽，也等不到別人來營救我的那一刻。

我哭了……

池水、汗水、淚水……此刻交錯融合在一起。在這個自己「生」與「死」無奈交替的一刻，本來我不是應該要豁達以對的嗎？就像「白天」與「黑夜」輪番交替一樣平常自然。為什麼我還是不甘心地哭了？平日要逼我跳到這樣墨綠的戶外水塘，連水裡面有沒有什麼怪東西來摸我、咬我都不知道，我可是不幹的。要是把我丟下去，我想我也會害怕水裡有怪物，搞不好還沒被怪物「咬死」，就先被自己內心的恐懼幻覺給活活「嚇死」了。現在逼不得已泡在這可怕的大「水牢」裡，領悟到自己人生最壞的情形也不過如此，我哭歸哭，各種死法：凍死、累死、淹死、咬死、嚇死……想了好幾百回合，現在，我反而對自己能鼓足求生勇氣，一直苦苦撐到現在，莫名地暗自喝采……

我已經心力交瘁。恍惚的意識下什麼都放空不去想了……我知道自己實在疲累，可是萬萬不可以睡著，幾度不小心一猝睡過去就被池水嗆醒，然後只好用手掌一直往自己的雙頰上打耳光來提神。但是，爬山奔波攝影了一整天到現在倦鳥歸巢的一刻，我竟然還在這一千五百年歷史的古石槽中不斷踢水，而不是在那個斯里蘭卡國寶建築師喬佛瑞．包瓦（Geoffrey Bawa）榮獲世界建築大獎的坎達拉馬環保酒店（Kandalama）裡泡著高尚優雅的 SPA 三溫暖。接下來，我即使用手指再掐捏自己的身體都沒有提神的作用，眼睛真的……真的……實在……快張不開來了……

當我逐漸準備接受「夜」與「死神」完全降臨大地，籠罩著魂斷異鄉的我；甚至有幾秒鐘我已經不確定自己到底還活著，當個「怕死的人」，還是已經跟著一道明亮祥和的白光走進死亡，變成一個「也怕死的鬼」？恍惚到自己也搞不清楚了。我的內心始終交戰於死亡的恐懼，一寸又一寸向我迫近、包覆、吞噬……擔驚受怕瀕臨死亡的這一瞬間，我彷彿魂肉分離，懸浮在半空中盯著水裡那個頭面朝下的自己……

這一瞬間，我突然警覺到有一條青青長長的黑影快速晃入水中。

「有水蛇啊！是啊？咬死我算了！」老天爺可不可以不要再這樣逗弄凌遲著生不如死脆弱的我！我在近乎彌留的邊緣自言自語、自問自答；同時漸漸地，在生命徹底絕望之前，我的意識跟意志似乎再度甦醒了。霎時睡意完全退去，我趕緊試試自己泡在水還能活動的手腳、還能呼吸的空氣、還能看見的暮色……心中有說不出的感動和快樂。冷靜想想，既然水塘建在戶外露天的陡峭懸崖邊，那麼風吹日曬總會有些

▲回頭俯瞰差點弄死我的蓄水槽並不算太大。

東西掉進水裡啊！我不是指意外掉進水裡的自己，或剛才恍惚之中依稀掉入池塘的那條可怕黑影。

於是，我打起精神，趁著薄暮最後施捨出來的一點點餘光，讓我還可以有辨識方位的機會，我決定放手一搏最後一次潛入水中。吸飽了空氣，身體沉到幾乎貼到槽底，只管放膽去摸。我先試著把砂石向池內的角落集中，以便讓我踮著腳尖可以搶到一點空氣，暫時讓手腳略微休息一下。然後再摸！再摸！因為任何東西都可能解救自己。

雖然我還是很怕摸到水蛇，可是剛才那條長長的影子到底是我眼花，還是真有什麼怪物跑到水裡了呢？既然池中可能會有軟軟長長的蛇，那我更有信心在水底探索有沒有任何硬硬長長的東西——果然，我摸到了一截樹枝，撈上來看了以後卻教我異常失望，因為它顯然已經在水底泡了太久，不但葉子沒了，枝幹也被泡成軟綿綿的，唯一的優點是它保有一個分岔的枝節。我明瞭自己別無選擇，水裡能運用的東西已經被我全部摸光了。我把樹枝貼上陡壁靠著放入水中，試

▲這就是差點讓我溺斃的死亡水池和我踩著跳上來的細樹枝。

著將右腳趾輕輕搭在樹枝的分岔點上，深呼吸，整個人快速下壓浸入水中，左腳掌借力於石槽底的反彈力、右腳掌則小心翼翼踮踏著樹枝唯一的分岔點，上衝一躍……

我失敗了。

緊接著，我第二次卯足勁兒再跳了一次，終於意外地成功啦！

當我的雙臂搭到石穴上緣，雙腳立刻順勢甩上池畔的一刻，整個人癱在花崗岩上半晌不敢動……重重的喘息聲裡，我感動得喜極而泣、放聲痛哭吶喊，這證明我又活過來了啊！回頭俯看差點弄死我的蓄水槽並不算太大，細細的樹枝還靠在陡壁，只有枝頂露出水面一小段，我想趴下去把它拾起，竟然搆也搆不到。想想萬一有別人跌進去的話，反應快一點或許也可以像我一樣更早脫身。只不過我上看看、下看看，就是看不出自己方才怎麼可能從如此深的石鑿池塘裡，像隻出水鵜鶘鸕鶿，一飛沖天般突破重圍跳上來？架在一旁的攝影機早就已經拍到既沒電又沒帶子，無法提供我回顧自己當時可怕的慘狀。

無論如何，我深深感謝那一截分岔的小樹枝救了我，當然還有別的——

難道是重新喚起求生意念的長長如蛇身的黑影化身成樹枝嗎？我不願用因果報應來約化解釋人世間的所有際遇；但是歷經生與死最為辯證困惑、天人交戰的一刻，我好像才參悟體會到另一層更深刻的意義，那就是「真情」。如果我沒有救助那條蛇，我不會在今生的功課學習中，第一次體會到自己跟一條蛇之間，怎麼可能產生如此關懷牽掛的真情；如果不是生命已然一無所有即將走到盡頭，我不會因著心中才經歷付出過一段熾熱方溫的敦厚真情，立刻回頭在心靈最脆弱的谷底，為自己補足堅持求生的坦蕩開闊信念。

媽媽啊！今天到底是「我救了蛇」還是「蛇救了我」呢？或許同時是「蛇也救了蛇」、「我也救了我」。「蛇」與「我」之間，原本就有著微妙牽動的因緣。經歷這次生與死的一線之隔，我認為在人世間即使無法完全領悟高妙的般若大智慧，也無法參透有如八萬四千顆恆河沙一般的修行法門；但是透過因緣聚合，彼此共修共學、共存共榮，將體現一種最可貴的圓融美滿。

「我」確實要感謝「蛇」，如果不是「蛇」以牠的名色肉身示現出幻相般的苦難給我看，不會考驗並且激發出「我」產生萬物真情相待的「慈悲心」去救蛇；因此「我救了蛇」、「蛇也救了蛇」都是對的。繼之，經由「蛇」的啟發，在「我」的心中即時栽種了一種可貴的「同理心」，使我懷抱此心去看周遭的每一件事時，都增強了自己待人處世的勇氣與信念；一直到我困於生死一線間，「蛇」的身影又提醒激發了「我」更高的勇氣與信念而獲得重生；因此，「蛇救了我」、「我也救了我」亦皆存在。

最近我常常想起這段故事，因為走過萬物生死的真情相許，的確讓我對人生境界有了嶄新的體悟。

12 五月東非

車輪和糖果，媽媽這次我差點又死掉了

親愛的媽媽：

這次我再去非洲並沒有這麼幸運。

最主要是因為我沒有聽從僱車司機的忠告，犯了一個嚴重禁忌——夜間開車。其實真正的主因是我們沿途載著四個大油箱，穿梭深入在民俗風情濃郁，卻也是海盜土匪囂張盤據的索馬利亞、衣索匹亞、肯亞、南蘇丹交界的四不管地帶，多年來這裡一直惡名昭彰。

那一天我的非洲田野調查才記錄完「大嘴族」莫爾西（Murlsy）女人，她們切開的嘴唇裡能放入大陶盤；又巧遇貝納族（Bena）一年一度十四歲到十七歲少男少女們的相親大會，一面拍攝記錄又一面親身融入參與，簡直讓我樂此不疲，總算為非洲保留住許多珍貴的歷史鏡頭。偏偏天色已晚，司機臉色大變，我卻天真揣想他是為了想提早收工偷懶，不知「野象群」和「土匪群」兩大「暗黑物質勢力」正虎視眈眈等著迎接我們逐步迫近的車輪。這次不是嗷嗷待哺的難民營，而是咄咄逼人的凶神惡煞；其實，當時就算我狂撒分送出再多五顏六色的糖果也是沒有用的。

果然靈巧的司機巧妙躲過野象突襲，穿入偏僻的莽原雨林小徑，只見一根粗粗的樹幹橫梗在車前；我主動下車去把它搬開，想說是因為我的攝影耽誤拖延了行程進度。不料一回頭，奇怪車上怎麼多了一個人，還大剌剌占據我的位子對著我笑，右手撐了一支AK47步槍，槍托壓著他踩在我們右前車輪上的大腿左右搖晃。我實在天真單純到讓人想翻白眼，竟然跑去問司機說：

「他是你的『朋友』啊？」只差沒拿糖果出來請他吃。

司機快被我氣炸，懶得理我，腦袋直接猛力撞擊方向盤。他一定在想，我才賺你幾塊美金，現在卻連性命都要賠上了。

▲非洲的民俗文化風情如此迷人。這是南非長頸族。

▲大嘴族人女子的神奇唇盤，讓我耽誤了返程時間。

此刻另一名歹徒也現身，把我們個別抓著分押到爛木板隔開的兩間陋室，財物衣褲洗劫一空。我曉得外面的非洲鬃狗土狼（hyena）已經等著想把我倆啃噬到骨頭都不剩，直接人間蒸發，連交贖金上個新聞媒體求援的機會也沒有。

滿地七彩繽紛糖果，我變成 Jackie Chan

昏暗燈光下，我既沒有哭也沒有叫，當然更沒有跑也沒有逃，因為橫豎都是一個字——「死」。只是心裡非常非常不甘心，我這麼辛苦多年投入自助旅行拍攝記錄，還有許多沒有完成的作品、沒有分享的故事、沒有傳承的心得……我看匪徒把我們的車輪卸掉一個，滾進來給他當作山寨龍椅，更把我的背包行李拖進來抖落滿地想找錢，最後叮叮噹噹撒出滿地一大堆五顏六色的糖果，雜亂散落在我跟歹徒之間的地上，好像七彩祥雲搭起鵲橋，兩人目光同時為之一怔。

剎那間我發現，他的眼神開始微妙轉變，從暴戾凶惡逐漸流露出些許溫暖關愛。透過昏暗的煤油燈，他盯著我的眼和我的臉仔細瞧，好像有些好奇地探索；我知道此際我是任他刀俎宰割的魚肉，只能隨他像隻貓，想怎樣玩我這隻甕中的小老鼠都可以。但他卻愈來愈靠近我的臉細細端詳我，甚至站到車輪上從另一個高角度看我。遠遠打量、近近搜索，近到跟我的臉只有幾公分的距離，他那寬鼻吐納的熱氣都薰炙在我的臉上，身上怪異作噁的體味也沖得我有些無法招架。

我不知道是否因為滿地七彩繽紛的糖果，讓他想起，小時候也曾有外國大哥哥到難民營拿糖果慰問過他和孩子們？還是他一看到這麼多糖果就知道：絕對沒有一個大人要吃那麼多糖果，這些糖即將要送給每一個跟他小時候一樣渴望糖果的非洲貧童。或許他跟他們一樣，都經歷過一段悲慘的童年？如果一顆糖果是一個非洲孩子的夢，他曾吃到第一顆糖果滋味，就是像我這樣的國際志工帶來的；那麼，如果宰了我，他將親手毀掉上百個非洲孩子童年的美夢……

「Jackie Chan?」

他幾乎貼著我的臉問我，濃重的東非土腔口音讓我聽得一頭霧水，接著他又問了我好幾遍：

「Are you Jackie Chan?」（你是「成龍」嗎？）

我這才慢慢意會過來，原本非洲與亞洲民眾毫無交集，但是他們都喜歡看華語功夫電影，尤其是成龍在非洲拍過他們極其熱愛熟悉的幾部大片，因此對成龍親切討喜的印象萬分深刻。我心裡火速暗自盤算：如果能活命，當一下「成龍」大哥也很好啊！於是我硬著頭皮點頭如搗蒜，笑著推擠出一張滑稽的大鼻子、高顴骨更像成龍的臉。這下可皆大歡喜了，不但衣服褲子都還給我，還要我教他們功夫，連我的司機也給放了。

才被嚇得屁滾尿流、如喪考妣的司機現在終於脫困鬆綁，帶回我的這個小房間裡，只見我跟土匪稱兄道弟，開心玩鬧樂不可支，還教他們運氣練功站馬步。現在輪到我的司機傻呼呼地問我：

「原來他們都是你的『朋友』啊？……怎麼拖到現在才認出來？你知不知道我剛才差點要死掉了耶！」

我趕緊擠眉弄眼，對司機示意：不是什麼朋友，趁他們還沒變卦前找機會趕快溜吧！他也真是機靈，順勢撿起滿地糖果請大家先吃一吃，就把我們被卸下的車輪若無其事熟稔快速裝了回去。我則盡量拖延且轉移他們的注意力，以便讓司機能把我倆的細軟行囊從容收回車上。

我真的使出渾身解數，把大學社團裡所有練過的三腳貓刀槍棍棒劍、太極少林五形拳傾巢而出、傾囊以授，逗得他們開心得意、喜出望外、頻頻大呼過癮。等眼角餘光瞄到差不多萬事齊備，我也實在快黔驢技窮，變不出功夫花樣了。就趁他們在我指導下，正閉目「眼觀鼻、鼻觀心、心觀宇宙」打通任督二脈之際，我三兩跨步就轉頭飛奔跳上司機已發動的吉普車，即刻展開一級方程式甩尾拉力的驚天賽事。不料他們也不是省油的燈，早就一個箭步搶去司機的鑰匙！我頓時覺得烏雲罩頂、尷尬難堪、前功盡棄。

賊窟土匪爭看冒牌 Jackie Chan

沒想到我們這自作聰明以為神不知鬼不覺的舉措，竟讓「土匪二人組」笑到腰都快直不起來，他們大笑到單手撐在引擎蓋上。我想這下子可真的要處決我們了！難道我跟司機又要再一次被土匪剝光衣褲，做成人肉叉燒包？這下連 Bruce Lee（李小龍）的英靈都救不了我們啦！

這次輪到我趕緊拉著兩名土匪又親又抱，顧不得他們身上那股奇特的體味，狀似依依不捨的迷戀他們；我機智的司機當下也活像妖豔魅惑的交際花，盡跟他們打情罵俏地協調著。最後司機清楚地翻譯給我聽，解釋為什麼不准我們走：

▲迎向非洲重生後的陽光，心底百感交集。

▲大家為我送行歡欣鼓舞，熱鬧非凡。

▲非洲土匪持槍盛大歡送我，把我當大明星。

「現在半夜，外面還有更多比我們更兇更壞更惡毒的海盜土匪！你們後腳還沒從我們這邊跨出去，前腳就已經又被別人抓了！」

媽媽，那時我一聽，覺得他說得頗有道理，就欣然接受他們的建議：先好好睡一覺，天亮了再走。我也真是太累太蠢了，熟睡到不省人事，夜裡司機三次要帶我逃走，沒想到怎麼都叫不醒我。現在總算天亮了，我們正要走，完蛋了，又被嚴峻制止攔下！

「NO!」

這一刻，我萬念俱灰，因為實在想不出自己還有任何可以活下去的理由……

「對不起！你們稍微晚一點再走吧！因為所有的土匪都說要來這裡看一看電影裡的偶像——Jackie Chan!」

是的，他們最後信守承諾。我幾乎有如在東非高原的江湖上召開完「非洲土匪海盜武林盟主G20高峰會」，由他們派出三名荷槍實彈的青壯狙擊手護送，一名坐在車內、兩名坐在我們的吉普車頂，如此告別陣仗一路暢行無阻了三公里，抵達綠色安全區域（Green Zone），他們三個人才折返慢慢走回賊窟。

我的司機一直謝謝我！他說，沒想到他的車輪、我的糖果，給予了他平凡的人生一段最不平凡的傳奇故事。現在他終於讓他家五個孩子能夠有一則從此世世代代傳頌的事蹟了，死而無憾。

媽媽，我一面聽一面笑；但笑歸笑，他這番話倒也提醒了我——我可以傳頌您和爸爸一些什樣樣的故事給我的後代子孫呢？我同樣平凡的家庭，又可以留下什麼不平凡的事蹟傳頌下去呢？

這次重生的同時，媽媽，我驀然回首，原來「車輪」和「糖果」的故事起源，不是前述非洲這一喜一悲的經歷，而是源自跟我一起成長的五個同胞兄弟姊妹，還有您和爸爸！如果不是從小您們身教培養我這兩種可貴的生命特質，我將無法說出這麼多動人的世界故事。這種生命特質一個來自爸爸——每天踩著單車賣力前行的「車輪」去遠地工作、去接送我上下學、去內外兼顧的照顧病妻又拉拔孩子；另一個則是您困在病床上，卻帶我們五個孩子認識感受了所有外面開闊美好的世界——那個由我代替您去探索，有如豐盛「糖果」般多姿多彩的世界，也因此從小透過這樣的講述和歌聲，我得到了最寶貴的訓練。如果沒有您和爸爸，我將無法在後來的人生旅途風浪中，一次又一次這樣努力、這樣開闊地傳頌下去……笑中帶淚……再快樂地把玩人生，活過來一次又一次。

13 四季英國

星夜異鄉夢，秋冬春夏的英倫留學心情

親愛的媽媽：

風大了，英倫的夜真的要深了，咆哮的狂風一陣陣襲來，屋外空的汽水罐被風吹得滾來滾去，就像此刻的心情。

在一個人靜得可以聽到自己心跳的世界裡，身後的回憶繁華似錦，前途道路萬里迢迢，都是如此若即若離，美麗與感傷之間撞擊著一種夢幻又奔放的迷離。坐在窗邊面迎星空，拋下自己映在牆面上的身影，我向眼前一片安詳的公寓住宅望去。深深的夜裡，每個家庭亮著一盞盞燈火，誰說它們不像天上閃爍的一顆顆星辰呢？星星數不盡，在英國家家戶戶的燈火也數不盡；只不過異鄉的燈火裡並沒有一盞屬於我的燈火。數到哪天粉牆上才會映出我家的影子、父親的影子、母親您的影子，還有童年老家那面粉牆上浮現颱風水漬深印刻痕的影子……

過去在台北的我，忙碌的腳步讓自己難得會——
為一片跌落在秋天窗台旁的樹葉感傷，
為一叢枯萎在冬天枝頭上的海棠駐足，
為一朵綻開在春天瑞雪中的臘梅喝采，
為一隻奔跑在夏天運河畔的獵犬著迷……
可是，現在不同了。我多麼慶幸自己在四季的變幻中學習與心靈對話。
留學英倫上千個異鄉的日子裡，孤獨的生活教我學會賞花觀星，開啟了我對大自然的視野，也找到躲藏在自我內心深處的精靈。就是這一種留學英倫的四季心情，牽引出我繼續記錄寫作的動力，從一九九〇年十月開始，橫跨著英倫秋、冬、春、夏四季的故事，在這裡，讓我說給您聽……

英倫之秋——停！誰在嘆息？

當我把重重的行李搬下計程車，面對這一棟離里茲大學（University of Leeds）足足要二、三十分鐘車程的學校宿舍，眼淚都快掉出來了。

「怎麼這麼遠？路又這麼複雜。宿舍房裡連個電話分機都沒有。」

這是我在那年十月，初次由台北抵達里茲（Leeds），隔天步行上學時心裡所犯的嘀咕。我開始回想起三、四年前在美國留學的種種，不禁感到自己又被擺放到另一個全然陌生的環境。台灣熟悉依戀的事物暫且不說，連在美國綺色佳（Ithaca）的留學經驗也都無法解釋眼前的困惑。畢竟是自己的選擇，一趟路走下來要八十分鐘才能來回校園，在這裡是極為尋常的事。至於每天我最期待的事，就是那具常被占用的宿舍公共電話，或許能僥倖傳來些家鄉消息——就這樣交織出了初來英倫深造的心情，是平淡恬適，也包含些許慌張焦慮。

慢慢地，當每天清晨我穿過這棟古老的苔忒麗（Tetley Hall）宿舍大草坡時，我開始會駐足回首，仔細品味秋天的浪漫。好大好大的山毛櫸張著雄壯的臂膀，像蜘蛛網般包圍著天空。大大的葉子飄啊飄地直往下掉了，落葉使我的步伐顯得窸窸窣窣的急促，也顯得軟軟綿綿的輕巧。

草是綠的，葉是黃的，天是藍的，影是黑的，心是白的。

想度過剛來異地求學的適應期，必須克服生活起居及上課學習這兩方面的困難。我非常驚訝這裡的古老傳統，竟然還這麼鮮活自然地融合在一些簡單的日常生活裡。比如說，每天晚上六點鐘就是我最興奮的時刻，因為我將回到維多利亞時代，在那嚴肅拘謹又活潑奔放的英國文化中，與她的子民們共進晚餐。

每晚期待英倫大家庭式聚餐

「噹噹噹——」

鑼聲響了。所有住在苔忒麗兩棟樓裡的同學全部都坐到偌大的餐廳裡，每桌八個人，採自由入座，總共有二十四張長方桌。我終於知道，與我同住在這棟學校宿舍的人到底有多少。名為「學校宿舍」，並不表示它在學校裡面，因為它位處校區西北方的另一個區——涵靛里（Headingley），一個以它的板球與橄欖球場名揚英倫的地方。「涵靛里」和「苔忒麗」都是我為它們取的中文譯名，它們確實擔得起這麼美的漢字。

「今晚有宿舍學生自治委員會的主席選舉，不要忘了投下你們的一票。」舍監說話了。他留著灰色的鬍子，有些拘謹嚴肅，也有些親切滑稽，他與妻子坐在餐廳盡頭的主位高台上，好像是個歐洲中古世紀的封建領主。我遠遠望著他頎長的身影，也環顧這群剛剛才嬉笑打鬧的大孩子，一會兒又乖巧而安靜地聆聽——這就是英國吧！在粗暴的足球運動迷和文雅的紳士淑女派之間維持了一個夢幻的平衡。

開「飯」囉——不！我想應該說開「薯」囉！因為英國人的主食，不是中國南方的米飯、北方的麵食，而是道道地地的洋芋馬鈴薯。看著桌上每晚變化的花樣，蒸的薯、炸的薯、烤的薯、烘的薯，以及加上肉汁或奶油的薯……我想起大學歷史系老師講到歐洲中古史時，多麼興

▲到歐洲留學也在體會當地古老的生活文化傳奇，體會校園裡不同的學習氛圍。

奮地告訴我們：自從歐洲懂得種馬鈴薯，就開始能夠養活更多的人了，甚至影響到未來的航海大發現和工業革命。可惜，現在我對菜色一點也不期待，同學們倒是興奮地大快朵頤。我的興奮卻來自這個每晚的英倫大家庭式聚餐，讓我逐漸感覺到自己也歸屬於這個陌生的地方。

相當特別的還有不同科系、不同領域、甚至不同家庭背景的同學，每天隨機入座，不得與昨晚的餐友相同，並且還規定必須跟同桌談天交流；讓我最終因為喜歡這樣的方式、這些人，而開始接受了英國食物。再怎麼說比起外面的餐廳，苔忒麗樓裡強迫搭伙的食物，真是又便宜，菜色又多。每個星期住宿加上十四餐共為四十一英鎊，約合當年新台幣兩千多元，在高物價的英倫相當划算。我只是常弄不清：右邊的湯匙與刀、左邊的叉和前端的刀叉或湯匙……對他們來說使用起來卻是如此熟悉而得心應手。每個人的胸前都分別陳列擺放了五、六把，甚至多達八、九把不鏽鋼「工具」，一屋子整桌放下來簡直成了「世界武器大觀」。難道大家不是來用餐，而根本是來「打鐵」的——群聚用餐的聲音還真像在打鐵。

我偷瞄他們把湯匙向外舀著喝湯，另用手撕著麵包沾湯吃。特別在吃甜點時，我總發現他們如此駕輕就熟地知道該用什麼「工具」進行什麼不同的「工程」——今天如果只有一把刀，放在正前方那個固定用於甜點的位置，同學便知道一定是餅乾配多種乳酪；如果只有一根杓，大家便猜到一定是小鴨梨早已削了皮扔在濃濃的巧克力醬裡；至於，今天要是在輪流服務的同學手中端來的是紅莓果凍或熱蘋果派，就會有人大叫：「Where is my ice cream?」（我的冰淇淋在哪裡？）「學無止境」最適合用於此，因為當你認為自己才弄懂，又看到他們分別在不同的蛋糕上，倒著蜂蜜、奶油玉米醬、熱巧克力或蛋奶露，再不就是搶著桌上的酸奶酪，倒在糖漬杏桃的果肉旁。我終於相信「人是寂寞的」，不然中國人不會也用更多的鹽、糖、醋、蔥、薑、蒜、辣椒、胡椒、花椒、芝麻粉、花生粉、椰子粉、麵包粉、太白粉、醬油、麻油、辣油……加於各種酸、甜、苦、辣之上。誰說人忙不是為了怕餐桌上的寂寞呢？

與我同住一個樓層的「七仙女」

餐後，我走回了屬於自己的房間。幾天下來藉著出入餐廳，藉著來去學校，也藉著出入上下洗手間，我默默計算到底在我這個最高樓層的走廊裡住了幾名同學，到底有幾張不同的臉。數呀數！一、二、三、四、五、六、七……我呆了。怎麼剛好七個人，而且是「七仙女」。她們告訴我，和我遙對的進口處，還有一個學俄國文學的男生，下個星期才會回來；也就是說，他與我這個住在走廊另一個盡頭的男生中間，共住了七位女生。我開始惶恐於自己的「幸」與「不幸」。幸的是她們雖有一點聒噪，愛在本樓層的公用小廚房聊一晚以外，非常熱心的協助我；不幸的則是，除了上教堂或出去約會，她們偶爾會有幾個在窗下唱歌的男朋友。

有一次，其中的一對鬥嘴嘔氣，那個女同學跟別人出去約會，這男的怎麼也不信她不在房內，於是——唱！那真是個秋夜難得的「露天演唱會」，我們住在四樓居然不用買票就可免費聆賞，還是包廂，問題是耳朵禁不起這種「侵略」。終於，隔壁的窗口開了，這位女同學對他說：「想聽老歌。」於是「搖滾狂熱」一下子變成「往日情懷」。她繼續虛情假意地說她想聽：「Singing in the Rain.」（在雨中歌唱），男的慶幸剛好是他的拿手曲——正大唱三句，只見這「七仙女」已合力倒了一大桶水下去，成全了那個男生在雨中高歌的心願。

我們笑了一夜。這比我看到街上出售房子的招牌寫著「TO LET」（出讓），卻被調皮的同學在中間偷偷加上一個「I」，而成為「TOILET」（廁所）更幽默。

夜深了，我還在看書，桌上十幾二十本參考書籍，光是和指導教授討論完，再去圖書館找資料就夠累了，何況還要看，還要歸納整理、分析探討，最後再準備下次討論的口頭報告與書面論文。博士研究在英國是「師徒制」的，我順利地通過測驗，不但有全英與全校兩份獎學金，也不必再修任何包括語言在內的課程。這種完全不必到教室上課，全部以研究為重心的教育方武，的確與美國截然不同，也不同於台灣學術研究體制。打仗最怕看不到敵人的戰場，對不少留學生來說，讀書何嘗不是最怕以下這種：全然沒有老師安排教材進度，甚至考試測驗的學習方式。

歐式的研究教育在意的是真正的「讀書」——既要獨立思考，不囿限於考試背誦與標準答案，又能在研究方法的明確指導下，不致閉門造車。從室友口中，我了解英國學生在中學甚至更早的小學三年級，就要決定自己未來「學」什麼與「做」什麼？是要走技職專業體系還是繼續去讀大學？甚而十歲的孩子就要決定自己要主修數學還是音樂？每個學年在大學所分成的兩個（semesters）或三個（terms）學期中，許多科系若不算所交的報告，等於一年才「考」一次；甚至有些人文社會科系只交報告，因為，他們非常懷疑怎麼可能「考」得出學生的實力——實在有別於東方的教育制度，我們一直過度運用背誦標準答案的考題方式來測驗學子。不過，在英國過早的分科教育下，雖然減輕了學生的課業負擔，卻令同學們在專精於自己的領域之外，只要是電視訊息所不及的，他們都顯得較為貧乏無知。但不論如何，英國學生所流露的快樂與自信卻分外令人激賞。

半夜裡暖氣奇怪地被人關了，我被凍醒，冷得直打哆嗦。我想起早上一隻蜘蛛爬在手上嚇了我一跳，室友們卻說那是叫做「錢蛛」（money spider），情願不開暖氣也不想把牠給熱走，難道牠又爬去她們的房間嗎？我索性起身讀書，反正書永遠也念不完，對於那些從早笑到晚的英國同學來說，一名負笈他鄉的外國學生心頭與肩頭擔負的壓力，他們是無法體會的。

苔忒麗宿舍裡的怪咖多

停！是誰在這深得不能再深的夜裡，還在輕聲嘆息呢？

風颳得窗外幾棵百年大樹颯颯作響，我必須把窗簾密實地拉起，騙自己其實夜並沒有那麼深；不然，連緊閉的窗面都被強風撞得噹噹打震，更讓我覺得自己是一艘正夜航於汪洋巨浪裡的孤帆。我也不敢把窗簾拉開，因為漫著潮氣霧靄的大玻璃上，一定會瞥見自己寂寞伶仃的身影，正被孤燈牢牢嵌入漆黑無垠的夜幕。我只管專心一面看書、一面用電腦打字，單調而規律的鍵盤聲音劃破寂靜，伴隨它的只有在這靜謐秋夜裡，大約每隔三、五分鐘就會掉下來的樹葉。先是一片有稜有角的老橡樹葉（oak）吧！接著好像又追來了一片張牙舞爪的西克莫大梧桐葉（sycamore）……它們交替循環打到我身旁的窗面上，如此清晰像聽見自己的心跳般，最後，我忍不住停下來仔細聆聽它們辭枝入土前最後的嘆息。

「落葉他鄉樹，寒燈獨夜人。」

我不禁讚嘆那些曾把詩詞文章留給後代的文學家。馬載竟然預言般在唐朝的一個秋夜裡，寫出我此際的處境與心情，短短十個字就把「現在的我」說得淋漓盡致、絞得肝腸寸斷。這是何等遼闊又無奈的微妙啊？我不知道是否在這個英倫古老的約克郡（Yorkshire）灞原上，入晚也曾「雨疏風驟，大雁頻飛」？但我確信一夜狂風後，我必會與宋朝的李清照一樣，為了關心海棠而頻頻催問捲簾人是否「綠肥紅瘦」？至於，「影子詞人」張先則早在幾百年前就寫出了我下面想要說的話：

「風不定，人初靜，明日落紅應滿徑。」

何苦徒傷流景，花開花落自有大自然的意境。打開房門，我忽然發現對面「七仙女」之一的室友留了一箋紙條在我的門上。上面告訴我繼上次學生投票後，明天一大早又將進行另一項「大」活動——防火演習警報「大」考驗。我不禁「大」笑，原來這個全世界都知道的祕密，明天清晨七點還是要測測看大家的警覺力，一起同演一齣逼真的火警疏散秀。真有趣，今晚乾脆不睡了。

走下樓去，我聽到撞球房居然還有碰撞的聲音，原來是「麥克雞塊」一個人跟自己在玩。相信在沒有保姆與老師管理的宿舍裡，他正享受著充分的自由。住在這苔忒麗宿舍裡的怪人其實真不少，但有個共同點是：我眼中再怪的人，還是會被同學們自然而尊重的接受。

麥克是個剃了個大光頭的大二男孩，每天都會在他還戴著矯齒器的嘴與白淨稚氣的臉上，故意裝出很世故、很兇殘的酷酷表情，並經常露出自己緊繃微壯的胸肌，就像頂著兩個粉嫩的「雞塊」一樣，不時暗示自己是如何強健而冷酷。所以私下我叫他「麥克雞塊」。能夠真正與他媲美的，在女生中只有一名酷愛紫色的同學，怪得足以相提並論。與其說她的「豔名」叫麗袞，不如稱她為「一抹淡淡的紫」，因為她不但天天穿紫色的衣裙褲靴，連頭髮都染成淡紫色。我在想，為什麼同學還是友愛她？如果她生在台灣，要不是被大家看成女妖水怪，就是被取了幾萬個不雅的綽號，比如說，我就偷偷管她叫「三八婆紫妹皮」。畢竟，她實在太——像——一顆紫色的陳皮梅了。

然而，就像源自英國的龐克（Punk）可以在校園奇裝異服、變髮怪型去上課活動，這兩位寶貝也一樣沒有被其他同學，特別是沒有被師長排斥。大家自然而然地尊重有人願意在耳朵上穿十幾個耳洞，或學印度殖民地的鼻洞傳統，外加現在更流行的眉洞、唇洞、舌洞、臍洞，甚至陰部私處無洞不穿。他們互相欣賞彼此在成長摸索的學習過程中，任何有原因或根本毫無意義的舉措。我也開始向他們學習……

所以，現在再當一位燙成雞冠形紅髮的男同學，或塗成吸血鬼黑眼影妝的女同學跑來和我討論功課時，我已經不會再給他或她預貼任何「好」與「壞」的標籤。只是，除了我忍不住想為他們取個貼切雅號外，偶爾還是會壓抑不住自己的反應而頗感自責遺憾，例如當我在校園裡不小心撞見一名牽著大麥町犬的同學，竟把自己的頭髮染成了「101忠狗」的「黑白花」顏色時，我還是忍不住躲到轉角去大笑一番。

這種笑，和後來神祕兮兮的防火突襲警報那場「大」考驗一樣。其實每個人私下都早已偷偷得到消息，因此早早就在房內穿戴整齊，準備等待清晨六點一到，那個以為大家都不知道的舍監按下警鈴時，再假裝跑到樓前大草坪上避難演場戲。誰知道，有的同學演得實在太賣力、太逼真了——就是上述那兩位「人氣寶貝」。

男的全身赤裸，只遮了一條小到不能再小的面巾匆匆跑出室外，稀疏性感的胸毛、臀部和小腹的彩紋刺青一覽無疑。女的則故作驚慌羞赧狀，信步緩緩步出她個人首趟「星光大道」——她穿著自己最得意的蕾絲紫緞小可愛、拖著及地紫綢長裙襬、披著鏤空鉤織的紫綾薄紗巾、踩著慵懶蓬鬆的紫茸羊毛拖鞋；此外，腦梢纏著綁了紫羅蘭的花飾與髮箍、耳鬢別著鑲了紫水鑽的髮夾與耳環，手上還拎著限量版的紫衣泰迪熊、腋下夾著郵購精品紫毛彎抱枕，外加地上拖了條大賣場降價促銷的雙人紫花瓣被單……他們都故意「不小心」站到最醒目的角落，藉著這麼難得的機會，兩個人終於一償宿願讓大家都看到，該死而無憾了吧！

對我來說，此地奇怪的人和奇怪的事實在太多了，多到我已經不會像剛開始那樣一直分神留意。不過最難可貴的是，大家的快樂自信正是如此無形的彼此感染著，否則我也不會讀書讀到半夜，忽然興致一起就跑到樓下漆黑的大草坡上撿落葉。因為我也快樂自信地認為，整個里茲的涵靛里就屬苔忒麗四周的草坡最美。反正我知道，即使我把實話告訴人家說：「我想出去聽聽落葉與風在偷偷嘆息些什麼？」應該也沒有人會感到奇怪。

就在那一晚，我真的出去了。在好似鬼屋古堡的庭院間，我並沒有聽到任何生物的嘆息，卻聽到自己的——那該是怕黑的驚嚇和嘆息吧！瞧！果然還有人沒睡，不但如此，她還把燈和窗都開得亮亮的。我知道窺視別人的室內是不禮貌的，但是那雙中亞深沉的綠色眸子卻似乎時時期待著別人的凝望。夜晚如此，其實白天也一樣。為的就是她的房內怎麼放了一具真人的全身骷髏頭，著實嚇了我一跳。

這位學醫的女孩還不時幫「他」戴個帽子、打上領帶，只差沒穿上褲子。我每天來去校園，經過她位於一樓的窗邊都發現骷顱頭的造型「日新月異」，難得有重複的打扮被我逮著。現在深夜裡才發現，她每天睡前都在費盡心思妝點骷髏——嚇「死人」！不！應該是打扮死人去嚇「活人」。

我在草坡上忙著看，連落葉都忘了撿，只覺得秋風颳得好冷啊！奇怪的是，我竟然還在偷看死人骨頭……不一會兒，我被一道突然的閃光嚇到了，追上前去才弄清楚，不知另外哪位有怪癖的同學，睡是睡了、燈也關了，卻在房內留下一盞每二十秒就閃一次的鎂光燈；不明就裡的人一定還以為他的房裡慘遭閃電雷殛了呢！

走向我的樓門前，風好似有雙手一樣抓著我，我想起同樣在約克郡里茲十公里的附近，曾在十九世紀初葉出現過一對姊妹作家——艾蜜莉與夏綠蒂・勃朗特（Emily & Charlotte Bronte）。姊姊的《咆哮山莊》（Wuthering Heights）就是這裡嗎？還好妹妹在《簡・愛》（Jane Eyre）中簡陋的羅沃德公益學校不在這兒。約克郡西部郊野的風暴實在真像在咆哮怒吼，吹得樹枝上下搖晃，活像鬼影幢幢。

我同意艾蜜莉在作品裡所說的話：「很多人不能想像過著與世隔絕的生活裡還有快樂。」更同意夏綠蒂確信人在愁苦之中，會油然生出一種奇異的「自由感」。現在我遠離故鄉，雖然並未遠離人群，「與世隔絕」的感受卻依然深刻。但是我珍惜這個自由選擇的歷練，把自己重新放到另一個異鄉天平上，聽聽別人，也想想自己到底還差哪些斤兩。僅僅這個過程就讓我感到自由又感到別人不能想像的快樂！

停！誰在嘆息？秋風還繼續打著落葉，一片片雖然無奈離枝卻是歸根了——我知道當我回到房間，它們還是會偷偷打在我的窗上嘆息，但是歸根的葉自然是含笑嘆息的。

英倫之冬——看！誰在哭泣？

當我的論文進度全面展開之際，我突然意會到不得了——冬天要來了，我是指有別於亞熱帶台灣的那種「真正的」冬天。

在初冬，英國的雨不少，濕氣也挺重的，倒是雪並不多，但風比秋天來得更大。苔忒麗的草坡雖是綠的，但樹是棕的，因為黃葉不但落光，也被風掃光了。我經過蘋果樹和水梨樹的旁邊，它們低垂的枝椏彎彎扭扭，好似正俯頭對著滿地殘軀的爛果傾吐些什麼遺憾。草還是在風中顫抖，花則早已是明年的節目了。那今年的節目還剩什麼呢？一旦十月底裝神扮鬼的萬聖節（Halloween）過了，便有十一月五日的焰火節（Bonfire Night）以及持續兩週到十一月中旬結束的「罌粟花」戰爭受害家屬募款活動（Poppy Appeal）。

這個季節裡，我看到家家都把厚重的衣物搬出來，他們知道冬天是不會施捨仁慈而遲到的。我參加了苔忒麗宿舍的萬聖節晚會，也參加了香港同學辦的焰火晚會。只有「罌粟花募款」不必參加，因為隨時都可以看到二次大戰的退伍軍人，穿著別有許多五彩紀念徽章的大衣，戴著紅帽，在里茲街頭為每一個捐上五毛、一分的人，都佩上一朵用紅黑紙做的「罌粟花」。只是，英國人祈求不要再受戰爭傷害的同時，沒過幾個月，這老大王朝又兩次跟美國人去波斯灣打伊拉克了。我看未來那一批退伍軍人又會站在四十六年後的英國街頭，再用紙花博取同情，並用一個個小塑膠罐裝滿眾人像蘋果樹、水梨樹一樣低頭傾吐的遺憾。人世許許多多的矛盾，就是這樣循環著。

至於最矛盾的，並不是在萬聖節的晚會裡，我發現舍監先生打扮成一個無惡不赦的黑幫老大，因為我深信擁有一顆年輕的心才能夠包容一切；而是在那個因為「Guy Fawkes」想要炸掉國會而流傳的十七世紀焰火節裡，我竟和一大群華人，講了一個晚上的英國話。他們的父祖輩都來自香港，除了廣東話、客家話，只有英文。有些除了一張中國臉以外，連廣東方言和中國文化也沾不上邊，不過他們卻還是不自覺地「物以類聚」，在這個他們稱為「故鄉」、我稱為「異鄉」的地方。是「幸」或是「不幸」呢？這份矛盾非常真實，真實得就像在英國買了檯燈卻發現它並不附插頭和燈泡。然而我一樣不敢抱怨自己認為理所當然的矛盾，因為他們總會這般告誡我——本來就是這樣嘛！何必大驚小怪。

有時候，人難免太敏感，但是完全無知無感的時候，是不是也可憐？在那初冬之際，我天天看著里茲這個城市在想：多麼神聖的工業革命起源地啊！伴隨附近北英格蘭的曼徹斯特（Manchester）與利物浦（Liverpool），在十八世紀末期輕輕地由此旋動了整個嶄新紡織機械的改革，直到今天仍徹底改變著全世界人類的文明與生活。這股文明曾把愛爾河（The River Aire）畔的里茲由小鎮滾雪球般變成英國的第五大城，也把我們一批又一批東方人，從當年的華工、餐飲洗衣服務，到現在的海峽兩岸三地留學生吸引過來。我想像在一七九三年前後，當時全英的「商人城」里茲，如何將寬幅的上等黑呢布料，利用運河與鐵路行銷全歐美、全世界——它必定有著強勁滲透的生命力。

今天我們這些留學生正以更強勁滲透的生命力，遠渡重洋又來到這裡。我很少聽到台灣、港澳或新加坡同學打算在英國待一輩子，卻聽到不少大陸同學私下表示，他們不會再回去了。這種答案並不期待任何評斷，只是一種時代的風潮，它總將我們像一陣風似地颳過來又颳過去，何謂「故鄉」又何謂「異鄉」呢？一兩代過去，那份矛盾的震撼又再丟給從神州大地過來的下一代，他們還會像我現在一樣敏感地提出同樣疑問。這是不是也像英國人的「罌粟花」募款一樣，都會無止境的循環下去呢？英國我不知道，但對於後來滯留生根在西方土地上的華夏子孫，讓我低頭也為他們傾吐嘆息一下——嘆息他們將不再容易，甚至不再可能感謝那些曾把古老東方絕美詩詞留給後代的人……

「亂山殘雪夜，孤獨異鄉人，
那堪正飄泊，明日歲華新。」

當耶誕佳節與陽曆新年腳步隨著大雪逼近的時候，我何其感謝唐朝的崔塗，他在一千兩百年前的冬夜，寫下了此時的我與千千萬萬個在英、美，以及世界任何一個異鄉角落的華人那份真摯與共的情懷。

誰在雪中兀自哭泣？

大雪終於嘩啦啦灑下來了。

里茲街頭的耶誕霓虹和曼城市府上的大耶誕老公公，把北英格蘭扮成耀眼的公主，紛飛的白雪中，驕傲嫵媚地向我們這群異鄉人，盡情展現揮霍不盡的華麗與歡樂。我們在盛情中分享，也在曲終人散後惆悵。看哪！一八五八年就屹立到現在的里茲市政中心（Town Hall），還頂著兩隻鍍金的貓頭鷹在炫耀智慧與繁榮，連不遠處的石獅，都頂著白雪鑲邊的晶瑩臥在高高的台階上，一樣趾高氣昂。穿過校園旁的海德公園（Hyde Park），白雪讓我迷失了方向，只有整排夾道枯立的老橡樹還像個忠實的摯友，為我指點回家的路。我仰頭看到機械系館不遠的公園口，矗立著維多利亞女王（Queen Victoria）的銅像，點點的雪打著，她身上綠綠的青銅鏽正似硫磺般蔓延攀爬，我彷彿看見她的淚滴也一點一點的隨雪花在臉上灑，同樣蔓延攀爬流滿了全身。

看，是誰在哭泣啊？是誰在雪中高傲孤獨地兀自哭泣呢？

在銅像基座的石台四面，我看到了紀念英國征服全世界的標記——右邊寫著「亞非加」（Africa），左邊寫著「加拿大」（Canada），前後寫著「印度」（India）與「澳大利亞」（Australia），拱衛著正面刻上的女王名諱。維多利亞是在哭這個吧！當她的子女也像大雪紛撒到世界各地的時候，「光榮革命」（Glorious Revolution）以來所擴張的成果，怎麼隨著「日不落國」的太陽到今天卻僅僅變成融化的雪。甚至為了「愛爾蘭共和軍」（IRA）的爭議，以及不時出現在機場、火車與地鐵站的所謂「炸彈警報」（Bomb Alarm）還老有傷不完的腦筋；一直到後來那椿倫敦唐寧街首相府外的爆炸案更令英國人惶惑不已。幸好中國古代並不時興到處建什麼秦始皇、漢武帝、唐太宗、成吉思汗或康熙、乾隆的銅像，不然憑弔者撫今追昔的悲傷縱使不能自已，只怕連這些雄霸一時的明君梟雄，都得像英倫的維多利亞女王一樣，孤單地被「扔」在眼前的隆冬大雪裡，藉著雪花灑淚哭泣了。

「老地方」酒館，令我懷念的英倫風情

天氣太冷，我躲進一家小酒館，這在英國是除了「家」以外，最普遍也最溫暖的地方。我遇到兩位英國同學，大家開心地聊了起來。對他們來說，在此地一個人孤單走進酒館喝悶酒會被人笑死。就拿我所住的苔忒麗宿舍這個名稱來說吧！它不但和我領的一項獎學金（Tetley and Lupton）同名，更其來有自代表了全英國最著名的一家老字號的釀酒廠「Tetley Brewery」，它是為了紀念創始人約書亞．苔特利（Joshua Tetley）在一九二六年的創建。因此，在這樣的傳統下，里茲大學一萬兩千名學生共用的學生活動中心，擁有全英國最密集的

五家酒館，每名男同學幾乎都可以講出一大篇有關酒館的故事。千萬別把這些「英式酒館」想成是「不好」的地方，它與台灣目前所興起有歌有舞的Pub不同，單純只是一個品嘗啤酒和聊天的地方，更是北英格蘭每個小城鎮的社交中心。傳統兼具拘謹嚴肅的個性與活潑奔放的情懷又在這裡悄然出現了，正像苔忒麗宿舍用餐的景象一樣令我興奮。

我看到進來的人不論站著或坐著，指定點選的不論是一英鎊一品脫的窖藏啤酒（Lager）還是苦啤酒（Bitter），都流露著先前我所欣賞的那一份平衡於運動球迷狂和紳士淑女派之間洋溢英國式的快樂自信。幾乎沒有人會像台灣電視劇裡那樣為了借酒澆愁才來此買醉，我提過，對當地人來說那是可笑的，甚至可恥。原來，人們來這裡和上郊外野餐一樣都是海闊天空。令我最興奮的是，我忽然發現這裡正像一個不變的英倫古今社會縮影片——有笑鬧震天的年輕男女成群聚桌，也有三兩耆老公婆共享一隅。一位老人的手上牽著一隻毛茸茸的英國棕色獵犬，蘆葦般的尾巴在我腿邊猛力搧著友善與熱情；至於老人的頭上則帶著一頂跟了他一輩子，非常傳統也非常老土的毛呢花格鴨舌帽（flat cap）。

同學告訴我：依照他的家鄉和此地的習俗，人們都會擁有一個大家俗稱為「老地方」（My Local）的小酒館。這個酒館從你進門就像回家，你認識每一個人，每一個人也都認識你；甚至不必開口，酒保便會自動斟上你所習慣喝的酒。在英國超過五、六十年的小酒館比比皆是，達到三百年的都有。還有的父子同上一家酒館，每一代都能在那裡回憶起個別卻同樣美好的時光，這種真實又可愛的習俗與傳統，我決定把它也稱之為英國民間最具強勁滲透的生命力。

一品脫啤酒不會讓人醉，卻給人微醺的喜悅。我的腦海裡浮起自己在店裡玩射飛鏢的遊戲，想起每週三晚上的猜謎搶答大會（Quiz Night）。小酒館就好像是一間附近住宅與宿舍共同的起居室（living room）一樣，把人與人的關係羅織成如此融洽可愛。在寒假返回台北期間，最令我懷念的英倫風情，便是「苔忒麗」的晚餐和「老地方」酒館。

一夜鄉心「七處」同

短短的寒假匆匆結束，趕回英倫一時竟看不到殘雪，只有大草坡依偎著羊群的石欄邊留著一點點裝飾，多奇怪的冬天啊！初冬紛飛的大雪到哪裡去了？就在我納悶沒多久，雪來了，這下子威力無比。暴風雪嚴重影響生活，連飛機場都關閉了好幾次，而且雪一開始落就沒停，一直落到暮冬。真是的！冬天的腳步即使到了盡頭，臨別還不忘再用一大片白色油漆刷清我們上一季的記憶。

那天，整個樓外的坡面呈現耀眼的白，沒有樹葉的枝幹已經令人習慣它們像衣架般被閒置在苔忒麗樓宇的四周。我從自己房裡那扇大又長的玻璃窗看出去，又是誰在哭泣了呢？這次是壓得低低的雲，還是灰濛濛的太陽？我開始想著：這如雨似花般的細雪，是否也曾感動過宋朝的秦觀？不然到了春天他如何能寫出以下這般的絕美詩句：

「自在飛花輕似夢，無邊絲雨細如愁。」

這樣的意境絕對只有歷經過縹緲暮冬的人才會懂。不過，小冰雪雖然也有那種飛著花瓣般的夢、灑著雨絲般的愁，它更會貼心的覆在坡面小草的身上，為所有大地來春蓄勢待發的萬物披蓋上保暖的冬衣，也溫存的封守了我對英倫這第一個冬季的美好記憶。記憶是堆積的，里茲的白雪也是堆積的。是不是每一年淚點般的雪花堆積之後，就成了我們日後濃得化不開的記憶呢？秦觀絕對是懂的，六百年前後的時空對話豈是距離，他早幫我把下面的話給說了，而且說得那麼好——

「便做春江都是淚，流不盡，許多愁。」

其實，我只是像他的〈浣溪沙〉一般，輕寒登上小樓便油然生成古今皆同的感動。特別是這個家鄉的農曆除夕怎麼說到就到了呢？我還沒有把武裝的盔甲完全準備好……我想起，在另一個沒有時間，卻只有空間距離的父親，是否能明瞭他的七個子女此刻分處世界七個地方的心情？大雪堆積呀堆積，就這麼巧地把北方來的風雪，在除夕夜為里茲鋪陳了這般白淨的新裝。其他的中國上海、丹陽，美國匹茲堡、亞特蘭大，南美哥倫比亞波哥大，以及紐西蘭的基督城和台北，是不是也有這份來自北方的禮物呢？

「共看明月應垂淚，一夜鄉心『七處』同。」

異鄉除夕夜的心情，我比盛唐白居易還少了「兩」份來自故鄉溫暖的等待。那一年波斯灣戰事迫使華航暫停歐洲航線，我只好改搭東方特快火車，歷經七天經蒙俄返英；這稱不上「河南經亂」，唯除夕望月，想起白居易的千年情懷巧合呼應。或許對於我們這七個兄弟姊妹來說，彼此只是如千里大雁般隨著理想而各自西東；但是，對最年長的老父與最年幼的我而言，相隔四十五年的歲月裡，難免都有一種「散作九秋蓬」的落寞。

媽媽，小時候，我並不期待自己有一天能像大雁般自由飛翔，還能出國留學深造。在新生南路當年尚未加蓋的瑠公圳邊，我們擁有一房大雨即淹的違章建築，母親您一直臥病在床，父親則裡外兼顧，曾經騎腳踏車遠遠往返兩地上班維持家計。七個兄弟姊妹，對我來說其實本就習慣各分東西。從小時候，最大的兄姊便留滯大陸未曾謀面，我們五個則在台灣看著父親與生活搏鬥、您與病魔搏鬥。家裡曾一無所有，有的只是病痛呻吟和追不完的債務，但是直到現在我更明白為什麼我從不羨慕大雁，也從不鄙棄台北老家那一面每年可以細數淹水汙痕的粉牆——因為那裡記錄了父親勝過大雁的韌性剛強，而母親您則是那面孱弱卻堅毅的粉牆，您們未曾在最艱苦的時候拋下我們，此生我又還能拋得開什麼呢？

「今夕是何夕，他鄉說故鄉？」

明朝的袁凱能在五百年前的除夕夜，吟出如此的詩句，我又怎能麻痺自己算到台北午夜十二點的時刻，不跟著台北街坊凌晨的鞭炮聲響一同起伏震盪……年節，年節，生命好似一個年節推著一個年節不斷前進；靜靜在異鄉獨自咀嚼對故鄉的思念，難免也會「一杯柏葉酒，未敵淚千行」。更何況這是什麼樣的除夕夜晚哪？七個子女在七個異鄉思念同一個台北故鄉的父親、一個天上的母親。那麼六個「異鄉」人的「故鄉」在哪裡呢？只剩父母親是我們共同的心靈故鄉了。

▲英國被大雪冰封的校園，留學英國孤獨的我在雪地裡走路去上課。

暮冬第一朵寒梅綻放

看！堆積的雪把記憶的淚墊得這麼厚、凝得這麼深——每個寒冬的歲末年尾，總不免要如此攤滿心頭。尤其是里茲這兩天的大雪下得猛極了，益發覺得蒼白的英倫冬季除了讀書和思念，幾乎沒有更好的事可以做。

這既然是我第一個在英倫異鄉的舊曆年，整個年節期間的心情都像是窗外的景物，覆蓋上一層綿綿的霜雪，有些讓人透不過氣來。接下來，好不容易停了兩天沒下，野嚎的朔風竟又擾翻了整桶白漆，亂紛紛灑過來令人無法閃躲，盡刷得人裡裡外外沁透的慘白。走在冰封的街道上，我凝望兩旁那些被雪壓到乾枯斷裂的枝椏，它們竟然依舊頑固倔強地打撞在風雪中。

我也是一樣有點頑固、有點倔強的，才不願意就這樣被狂風暴雪匆匆趕進苔忒麗宿舍的屋樓內，我偏要故意繞更遠的路走回去。終於，我欣喜若狂地發現了在西歐北海陰冷的冬天裡，真的還有比讀書與思念更讓我值得做的事。

苔忒麗宿舍庭園裡僅有的臘梅，開——花——了——！

黃澄澄的花瓣，晶瑩剔透好似蝴蝶纖細的羽翼，居然能比冰雪更頑強倔強地綻放在紅綠新芽的枝頭。我開始感激這暮冬的第一朵寒梅，因為它用自己的生命為一個寄居異鄉的遊子，帶來了第一份春天的訊息——那是一種……寒冬臘梅瞬即幻化為春夏彩蝶的美……那是一種快樂自信地狂舞紛飛於冬雪中的心情。

看！誰在哭泣？雖然，春天還早，臘梅大都只是待放的含苞，眼前的雪更像天空的淚珠，正輕盈飛灑滿身；但是，處在這樣一個每天跟自己心靈孤獨對話的異鄉，我已經不由自主把覆蓋在身上的雪花跟自己，當成是飛舞的彩蝶和孤傲的寒梅。對！就是那份有點慵懶、些許舒緩的心情。南唐後主李煜的詩句隱然相契：

▲留學時期我重新認識了「讀書」和「大自然」的意義。

「砌下落梅如雪亂，拂了一身還滿。」

英倫之春——聽！誰在說話？

回想準備離開台北，首次飛赴英倫當天的清晨，我曾特別起了個大早陪老爸散步，說是這麼說，其實根本沒睡。

自從大學畢業母親您過世後，我似乎就一直為了賣力工作而忙得沒有空陪他，也不可能時常在清晨陪他到各個民生社區的公園走走。我怎會不了解他老人家的寂寞呢？七年半前他還有多病的您為伴，十幾年前，我們一家還全擠在那間小小違章建築裡呢！現在連最小的我也要去另一個國度，他是從不露一點傷心的，連我攢了一大盒零錢從英國撥公用電話打回家，他都絕不表示一點思念和惦記。公用國際電話每兩秒就會掉進一個銅板，我只能用同樣戰戰兢兢的心情向他報告目前的研究論文進度，再來就是他讓我不要再浪費錢打長途電話云云。事實上，除了讀書寫作，老爸是永遠無法想像我到底從哪裡變出這麼多興趣，一下音樂繪畫、一下又舞蹈功夫。

爸爸說，那時江南鄉下都以耕讀傳家，雖說書香世代有所薰陶，但是基於現實的經濟考量，通常每一家只能供一個兒子在家塾的基本教育之後，繼續到外地求學讀書。最小的他調皮搗蛋，當然不是那個被選定的，偏偏用功上進的二伯父，在一次返鄉耕田除草時不幸中暑病逝，才激起爸爸自修學習讀書的動力。直到後來隻身由丹陽鄉下到上海十里洋場打天下，半工半讀念完大學，還開創出自己在繅絲、紡織、家具與醃臘等方面的事業。在父親那個年代，身處戰亂流離的時局，貧困閉塞的鄉里，除了讀書，沒有第二條出頭路，不然就是一輩子在鄉下放牛養蠶；所以爸爸在我已經工作多年後，還是一天到晚叫我讀書。屬於我們這一代幸福浪漫的情懷、興趣理想的培養、藝文創作的揮灑，都是上一個時代的社會未曾給予過他的自由。

我慶幸自己從小在父親拘謹嚴肅的人生使命，與自己活潑奔放的藝術興趣之間，取得了心靈上的微妙平衡。就像過去我會在趕完當天電視報導的新聞稿之後，立刻把理性、冷靜與客觀收起來，徜徉在主觀感性、真摯深情的藝文創作報導文學中。至於現在到了英國，我同樣在按部就班、實事求是的學理推論之餘，藉文學創作抒發自己內心的活潑奔放。

美英語文差異多，英倫禁忌更多

文學創作需要觀察體會，到異鄉生活，正是一個可以接收最多衝擊刺激靈感的機會。初來英國時聽到有人把午餐叫「dinner」（晚餐），把晚餐叫「tea」（下午茶），令我迷糊；也為了他們叫洋芋片不似美國稱「chips」而是稱「crisps」，以及「博士論文」在美國叫「dissertation」，英國卻反用美國所指的碩士論文「thesis」相稱，都曾使我滿頭霧水。連我說要進「城」都被糾正，怎能像在美時講「downtown」（市中心），而應該只講「town」。有關一些單字也有不同拼法，像有些名詞在美國用「er」就要改為英式的「re」，至於有時動詞「ize」要改為「ise」都算是小事一樁了。難怪不少英國同學揶揄我：「你覺得美國人是在講英文嗎？」——美英之間的語文差異，絕不會比海峽兩岸來得大，但似乎一樣逗趣可愛。畢竟，當我愈往英國的北方走，愈聽不懂他們各地濃重的口音在咕噥些什麼。除了古老的威爾斯語、蘇格蘭語、愛爾蘭語確實與英語不同外，一般英國人也同意，在他們的國家裡「講著英文卻不是在講英文」的人其實很多。

除此之外，儘管英國科技先進、民主自由，民間其實仍然保有一些迷信，這些都是民間自古習以為常的「禁忌」，有些真是聞所未聞，即使我好像見多識廣，卻在英倫發生過幾次驚天動地的誤會，可以說是陰溝裡翻船。首先，千萬不要喊別人的祖父母為「grandpa」、「grandma」，他們會生氣的，因為你讓祖父母覺得自己太老——通常你最好狠狠的直呼其「名諱」。

另外，絕對不可以打破鏡子、絕對避免從別人正在爬的梯子下方走過，尤其是絕對絕對絕對不可以把戶外濕淋淋的雨傘帶進屋內，當然更別說為了想晾乾，而把雨傘在室內任何地方撐開，或是為了好玩在室內撐傘當遊戲……英國人始終深信不疑：這些舉措都會沾染到足足七年的霉運，還會把不乾淨的邪魔惡鬼帶進家裡，跟你繞著地球跑，趕都趕不走。唉！想想我曾經鬧過的笑話實在不堪回首！

那些年我冒犯的英倫禁忌

那是一個令人期待已久的英倫春日，我停下腳步，聽聽是誰在說話？結果發現不是春花，而是綿綿的春雨。於是我撐著傘走去參加一位當地民眾盛情款待的家庭聚餐。誰知道我先是在門口恭敬地一鞠躬，喊著首次見面的朋友祖父母：「grandpa, grandma!」——這已經讓兩老面色鐵青，好像嘔氣我怎麼好像在墳前拜公媽祖先的牌位。

緊接著，我又在不知情下，毫不猶豫地把濕傘帶進客廳，並且還大剌剌地撐開晾乾。在全屋老少一陣狂亂的驚呼尖叫之後，我以為他們覺得傘應該放進二樓浴室而不是玄關，於是拿著那把撐開的大傘，從我身旁所有人的頭上越過，其中包括：正在換拖鞋的公婆、叔伯、姨娘、他媽媽……加上他們手上牽的小孩與胸口抱的娃，一個也不少。

還沒完，走著走著，我沒看到她爸爸正在通往二樓浴室的樓梯下方裝釘大穿衣鏡，於是拿著撐開的傘爬樓梯。他老爸猛抬頭，看到我竟然又打傘又從他的頭頂爬過樓梯，果真像看見黑貓爬過棺材一樣，嚇得立刻退了一步碰倒花瓶，因為直覺反射動作想去救那個爛花瓶，使得雙手一鬆，鏡子砸到地上——破了。

這頓飯吃得很痛苦，因為他們雖然沒有怪我，卻一片愁雲慘霧，各自低頭嘆息並且加減乘除在盤算，到底未來他們一家總共有幾個七年的霉運要熬過？我也永遠學到這些連「下次不敢了」都無法被原諒的英倫禁忌。

雪終於要融了。環繞苔忒麗的大草坡沉睡在雪裡好一陣子，不知道它們在下面想些什麼，或許是趁著春天到來之前，蒙頭躲在雪綿綿的被子裡暢快地聊天。我不得不再次佩服南唐李後主的才情，他在那個一樣拘謹嚴肅、一樣顛沛離亂的年代，居然也用藝文浪漫的活潑奔放看穿了春日大地的心聲：

「尋春須是先春早。」

的確，在白雪還沒融退的幾天裡，我原本無法相信春天真的會在苦寒之後降臨大地。尤其對於被白雪封鎖了的大地，下面的草與泥如何能抗拒嚴凍，再繼續抗拒隨著融雪而來的淹浸呢？不過，真得要先春天一步，去找那份同樣強勁滲透的生命力——那就是名為「素馨」的小花了。黃澄澄的花朵像極了剛掙開蛹殼的蛾翅蝶翼，竄出積雪亂叢的雜枝，這景象真是令人動容。誰能想像如淚水洪濤般滴不完的雪掩蓋一切綠意的時令，竟有這般鮮蕊在高高的寒梅之後綻放在低低的雪堆裡，它一定跟春草一樣，益發愈冷還生。我開始深信藏在雪下的草與泥，絕對也會有著一樣強勁滲透的生命力。這豈不正是唐朝黃檗禪師在《上堂開示頌》裡的暮鼓晨鐘嗎？

「不經一番寒徹骨，怎得梅花撲鼻香。」

千年前同樣的頓悟給了我對「春」更殷切的期待。我何其有幸能在英倫，觀察到大自然每一步細心入微的經營，無邊光景恰似朱熹吟詠的〈一時新〉，我這等閒之輩終於從繁雜的生活枷鎖中跳脫出來，如今才識得了大自然的「東風面」。在萬紫千紅之前，我慶幸自己先懂得在異鄉經歷人生寒凍徹骨的霜雪，而今面對充滿希望的春天，才顯得一切是這麼開懷、這麼遼闊。

老婦與狗以及老人與貓

我看到一位老婦在苔忒麗宿舍附近的一個小學旁散步，手上牽著她的北京狗。雪開始融了，老人家的腳步卻依然緩慢。她告訴我她八十三歲，連她的老狗都十五歲了。我很難得看到外國人把中國北京狗餵得這麼肥，肚腩和棕毛一樣垂在雪地上刷刷晃著。她叫牠「王子」，一個陪伴寂寞老嫗的王子。我們幾乎同時回頭，看到小學下課了。小朋友撒野玩鬧在殘雪溜滑的操場上，低低的矮牆勾著鐵絲網讓枯枝撐著，我們依然可以一覽無遺。

「裡面有您的孩子，不！該說孫子吧？」我問她。

「曾經（were）都有……」她想了一想，點頭回答我。

英文的詞彙與文法有時煞是簡潔。一個「現在式」或一個「過去式」，只要一個字就知道了；不過，在她簡潔的回答中更顯得冷峻孤寂。社會福利再完善，也沒有人希望繳交了一輩子的重稅，最後換來的卻是無子女承歡膝下，甚至含飴弄孫也遙不可及。這一幅景象對比起苔忒麗充滿活力的學生宿舍，不正是兩代英國人的三面鏡子——

「幼年盡情玩、盡情鬧；
青年盡情跑、盡情跳；
老年呢？盡情拖、盡情寂寞無聊。」

隨後那一整天裡，我回到宿舍時都無法擺脫這種三代英倫「人生循環」的矛盾，有時它好像比「中東戰爭」與「罌粟花募款」更令人感到惶惑與遺憾！隔一天的下午，就在臨街公車站的附近，我又遇到另外一位老人。

這次不是「老婦與狗」，而是「老人與貓」。

他是涵靛里最老也最有名的裁縫師，我正是被他店門口的招牌——「Jack Cole」所吸引進去的。他生於一九〇五年十月三十日，算算當年八十六歲了吧！養了一隻又黑又大的懶貓叫「Trant」。老傑克告訴我，這隻貓是公的，自從被閹了以後就天天一動也不動地坐在他的縫衣台上，現在六歲了，連熨斗都沒興趣去碰一下。他慶幸自己的決定：包括把貓閹了，也包括一輩子獨身。

曾經有一陣子他聞名全英國，那是兩年前有家房地產公司買了這塊地要拆他的店，因為他拒搬，最後業者妥協退讓的風波。人們都稱他為「涵靛里先生」（Mr. Headingley），因為他就像此地的歷史。儘管每天在改寬與放長的褲堆當中討生活，但早上九點開店到傍晚六點打烊，五十年來未曾變過，里茲歷史的真正記錄就是他的風霜。除了牆上姪女的照片，他只記得自己年少時如何為了躲避一場猶太人的滅族大屠殺，從奧地利隨父母逃到英國。那時還在打第一次世界大戰呢！現在英美打伊拉克算不算第三次世界大戰，他很迷惑，卻愛這個里茲涵靛里的老窩。英國還是挺有人情味的，他位在奧特利（Otley）路上的店，終於得以免租金在此度過餘生，儘管他說除了裁縫店，他還需要有：電視、報紙與朋友。

原來里茲人口中百分之四都是像老傑克一樣的猶太人，他們不像我在紐約康乃爾大學攻讀碩士時，看到美東那種頭頂「花墊」式小繡帽的猶太同學，不過，背後的流亡滄桑與當地貿易商業的繁榮卻有一致的關聯，誰能說他們不像今日留學生的心情一樣任重而道遠？但至少離鄉背井使人有更堅強的鬥志、信念及自省。只不過，老裁縫現在早沒了「故鄉」和「異鄉」的分別，他就像我們七個兄弟姊妹把父親看成故鄉一樣，猶太的宗教與流離顛沛劫後餘生的隨遇而安，正是他的「故鄉」。

里茲大學和位在涵靛里的苔忒麗宿舍當然不是我的故鄉，不過，我卻慢慢在孤獨的異鄉裡，學到了老裁縫隨遇而安的心境，當然其中加入更多如人飲水，無法言喻冷暖的感覺。傍晚走過全歐洲最長的校區室內走廊，一萬兩千名里茲同學躲避風雪寒冷的方式就是如此，即使現在春天已經到了，大家推開再多扇的門、上下再多層樓梯，也還是要遠離這初春的刺骨風寒。校區比我的宿舍與里茲城市中心再遠一些，這也是學校可以鬧中取靜，提供絕佳讀書研究環境的原因。其實，當他們在校園逃躲寒凍的時候，我已經在苔忒麗開闊的大草坡上，發現了另一個大自然的祕密——白雪退去後，草像蒙頭睡了一覺，反而更加鮮嫩青綠。在夕陽裡，積成小水塘般的雪水也快融光了，看來草兒從來也不曾把重重的覆雪當成壓力，反而是孕育滋養的泉源。人生的阻力與助力或許就是這個道理。

英倫之春，萬物都在說話

春天真的完完全全來了！在學生共聚的宿舍全體晚餐之後，我分享了室友們的傳統英倫習俗「烙餅日」（Pancake Day）。宿舍裡，與我同住一條走廊的「七仙女」紛紛展現手藝，用光了冰箱裡所有的雞蛋、牛奶與麵粉，認真的在這復活節（Easter）之前的第四十天製作英國傳統烙餅。原來是為了在那個未來四十天所謂的「大齋期」（Lent）期間，因為將進行齋戒不吃這些東西，所以必須全部用光。只是現在追悼耶穌受難、反省思過者少了，徒留個類似歐美大型嘉年華會的活動形式。眼前這些比我小十歲左右的大學部「同學」在烹調烤煮過程中，各自流露著他們來自不同英國家庭的氣質，以及那種同樣既活潑奔放又有點傳統兼具拘謹嚴肅的英倫個性。為了她們與我慷慨分享的這份濃濃的人情味，害得我吃完便「醉」得倒頭就睡。

半夜夢中醒來，四周漆黑一片。我心裡猜著現在到底該是幾點了呢？窗外緊臨一條叫做「更多路」（Moor Road）小幹道。我仔細聽是誰在窗外說話呢？不是室友們，卻是車子清脆駛過馬路的聲音。那聲音是如此興奮，似乎圓滾滾的車輪在反覆輾軋中奔相走告對大家說：「雪融光了！地是乾的，我跑得十分輕鬆自在，不再有雪塊老是塞滿胎上的齒溝，也不再有冰晶老讓路面打滑了！」

對了！這就是英倫之春已經到來啦！我忽然想起，今天在大草坡的蘋果樹上看到了紅辣辣的新嫩芽，彷彿也聽到它們興奮在說話——那是一種「無聲」卻「有生」的爆裂，也是我一直深愛的一種強勁滲透的生命力。門外那些女同學將多開心啊！因為蘋果樹抽了芽，就快有青蘋果可以品嘗了，到時候又可以風趣地告訴我她們另外一套古老的英國迷信——把果蒂扭幾下，數到第幾個英文字母，你另一半的名字就有那個字母；再把斷下的果蒂去插果皮，也是一樣數到戳破為止，就知道他或她的姓氏由哪個字母開頭。難怪小蘋果樹「說不說話」

▲我第一次近看纖柔堅強的雪花蓮（右），以及不畏冰雪如蝶翼飛舞的番紅花。

對她們是這麼重要，她們還說，春來了！一天想吃好幾顆蘋果去試試自己戀愛的運氣哦！

聽！又是誰在說話呢？是樹根旁那些放肆斑爛的野花吧！啊！這是雪花蓮（Snow-drop）與番紅花（Crocus），一早在清晨的春霧中就把它們全都喚醒了。白的、紫的、黃的、紅的，鮮麗而嬌美，誰相信昨天它還被埋在厚厚積雪的球莖裡。只怕明天「紫」花一定全被採光了，因為今天晚餐時，我已經見到酷愛紫色的那位女同學麗袞塞了一口袋的紫花，真像個「三八婆紫妹皮」，不偏不倚就坐在健美的「麥克雞塊」先生對面彼此欣賞，含情脈脈。反正百年前的王國維早跟花兒提醒過了——

「最是人間留不住，朱顏辭鏡花辭樹。」

小紫花能找到這麼個認真的知己，夫復何求、何憾之有。

一輛又一輛車、一個又一個芽、一朵又一朵的花，春天對它們來說自是如此忙碌。入夜躺在敞著窗簾的床上，黑暗中，我看不見時間，看不見車，也看不見花與芽，只看得見今天在英倫又是一個飄著浮萍般的星夜。但是，我卻看見當車聲隆隆接踵駛過屋外時，它是如何透著我的窗子，用明亮的車燈把屋外的房影、樹影、芽影、花影，甚至車影、人影都映上我屋內的粉牆上面。我數著一個、兩個、三個……全是陌生的影子，它們的影子迅速地從牆的這一頭跑到那一頭。每次必定從這裡開始，在那裡結束，也如秋、冬、春、夏四季循環一樣。

爸爸說話了：「一年二十四個節氣，『霜降』到了，蕎麥還在開花呢！但是，江南的鐮刀已經將它成把成把地從頭砍下。水稻到了九十九天也得算成熟囉……連忙就被唰一下匆匆割離了根頭……」

生命的無情與有情早就蘊涵在同一個符號裡。對！就是同一個有悲有喜、也聚也散、有時亮晶晶有時又飄零零……都是相同的一個符號裡。人生真的如王國維所說的只似「風前絮」嗎？

「歡也零星，悲也零星。」

那麼滿天像那些飛絮浮萍一樣又遠又近、若即若離的繁星，一定也是悲歡聚散都零零星星的囉！不過，我倒不這麼悲觀，我總記得留英的台灣同學們，常在每個星期一去圖書館或紡織系等待海外版的中文報紙；每個星期五則會一起到體育中心打羽毛球、賽桌球……正是因為同樣的期待。有如熬過了英倫的秋、冬、春三個季節之後，我們共同在期待那個傳說中最美的，也將是我生平第一個英倫之夏。

聽！異鄉的星夜裡，整個春天大地的萬物都在說話呢！

春帶給人夏的成長、秋的收成與冬的恬靜，正因為春天有著像留學生追求理想般的希望，所以春天自然蘊涵了一切。內心的孤獨、前程的開拓與生命的實現，圍繞的都是這遙遠異鄉裡四季循環不已的希望。

英倫之夏——噓！誰在偷笑？

英倫的夏季一腳跨進苔忒麗的庭院。

小麻雀一大早就趕來，在窗口吟唱著夏日的愉悅心情。我張著惺忪睡眼醒來，竟然望見陽光透過紗簾，早把我曬得像一朵躺在泥土裡鑽頭初開的小花。這一覺好像睡了整個冬天一樣，我亟待深深吸一口清新的氣息。夏季的英倫原來天亮得這麼早，才清晨四點多，白天就展開了，不像冬天才下午三點已經天黑。走吧！我接受了小麻雀的邀請，走去附近看看那個老是想去，卻從來沒有造訪過的愛爾河，以及與它連結四通八達的老運河！我也想欣賞一路上整片盛開的百合與玫瑰，看看它們準備怎麼揮霍這一季絕美殊勝的漫漫長夏。

沿著綠草中的蹊徑，經過年久失修的「寺院小鐵軌」（Abbey Little Railway），只見它被孤單閒置在荒煙蔓草間獨白，當年工業革命時這兒曾熙來攘往、百戲雜陳的盛況都已煙消雲散。走呀走！我終於看到同樣遭廢棄的老運河也在愛爾河附近出現了，它以工整筆直的河道緊貼著小坡。涼風徐徐牽動運河的水波，迴旋盪漾起初夏艷陽所有的明媚。再走！快快走到河岸邊！逐漸豐滿的老橡樹透過波光的倒影，像極了兩隻健壯的臂膀，曲線各異的枝椏正是賁張的筋骨血脈，夏日和風已經慷慨地為它添上豐厚羽翼。原來，原來就是它，一直在河畔照著自己映於水中壯美豐碩的身影而偷笑著。

我的心裡在想：台灣現在是不是天天都有陽光？天天都有夏日的心情呢？至少整年算下來，台灣陽光普照的機會絕對比英倫這個過去的「日不落帝國」高出許多許多；但是，也因為如此，我從來也不曾像此刻在英國這般珍惜陽光。原來許多快樂的感覺，只是日常生活裡那一些身邊簡單平凡的小事；似乎過去在忙碌的台北，我常忘記開啟這扇近在咫尺的門。我的大腦剎那間撞進了一個靈感，想趕在今年夏天降臨的第一道陽光裡，趕緊記錄下大自然每一個顏色幻變的心情，就像個救火員似的心急。於是，我又跑回苔忒麗的宿舍裡去拿相機與筆記本，以便完整記錄英倫的花、葉、草、樹、河、光……各種風華絕代的顏色與心情。仿若有知的大地萬物，也展現出隱埋在上一季從未顯現過的動人與美麗，任我恣意採擷欣賞。

我繼續順著河畔走，黃、紅、綠、棕、藍、白……幾乎渲染了所有的花葉色澤，大自然正用彩筆為它們描繪作畫。如果不是一個人在英倫這麼久，恐怕永遠體會不到這種感受；畢竟，過去四季也是如此運行，我卻經常一不小心就把自己封閉在忙碌紛亂的空間裡，想想真是可憐。

噓！誰在偷笑？

巧遇慢航的「密德威曲・窄船」

「嗚——」

哪兒來的氣笛聲，竟突兀出現在這段幾乎已經在一七八九年工業革命後早就全遭廢棄的老運河中？原來我一直以為在紡織運送盛況消失之後，時至今日，這裡應該只剩空洞的磚造老廠房與沒落蕭條的運河水道；沒想到居然還有船隻來回行駛其中，頭一遭看到令人有些瞠目結舌，彷彿時光倒流至十八、九世紀交替的年代。只見兩艘平底長型窄船正準備通過水閘（Lock），船上的人早跳上岸轉動著厚重的閘門。我蹲在岸邊看他們如何費力操作，望著這幾位認真而煞有介事的英國佬，心裡有點想笑，笑他們何苦像要通過聯繫大西洋與太平洋的巴拿馬運河那麼大費周章，為了水位高低差距去上上下下繁雜地操控數個開關。

「你們要去哪裡？」我用英語問他們。

「密德威曲（Middlewich）。」他們異口同聲回答。

他們的船上寫著「密德威曲・窄船」（Middlewich・Narrow Boat）。疑惑的是這個往西方向行船並不順路啊？甚至，面對英格蘭西高東低的地形，還可以算是相當麻煩的事。單單從約克夏郡的里茲到蘭開夏郡（Lancashire）的利物浦就要五天，途中有幾百個類似的閘門，用以調整運河兩邊不同的水位高低，真的跟巴拿馬運河調整兩大洋水位的功能是一樣的。至於前往他們的目的地，更須再於中途轉向別的支流，如此千迴百折，我算算即使一個星期也到不了；畢竟船速甚慢，水閘一開一關又麻煩無比。

▲英格蘭工業革命時代的老運河竟然還在使用，「窄船」正在通過兩百個水閘門的河道。不要太快到達目的地，因為他們不想錯過夏天有趣的事。

「你們為什麼不乘巴士？最多不過幾個小時就到了。」

我邊問邊想：雖然英國大不列顛島被本寧山脈南北縱切，東西交通並無便捷的火車網，但全國四通八達的巴士（National Express）仍然比開船便捷太多了。

「那就太快了！我會錯過許多夏天有趣的事。」

這名穿著紅色風衣的英國老兄在費力轉動水閘上的開關，回頭望著船隻已經順利通行之後，才從容不迫且面帶笑容地告訴我。這實在是我來到英倫第一個夏天聽到最棒的偈語，充滿禪意。對於我們這些來自東亞新興科技工業重鎮的人來說，在汲汲營營、栖栖惶惶打拚奮鬥之餘，選一個這樣明朗的季節，聽一聽這樣明朗的話語，真是發人深省啊！

我忍不住又多問了他不少問題，他也耐心一一回答：這艘船將如何由里茲、席波利（Shipley）轉布萊德福（Bradford）向西前進，以及開啟及關閉水閘兩頭的高度技巧。他有條不紊、不疾不徐為我娓娓道來，我幾乎誤以為他是專門在這裡為往來船隻服務通關的工人。不過，十分鐘以後，我問出這個問題才恍然大悟：他根本早應該跟著船走的。

「這附近沒有房子，你住在哪裡？」我問了一個笨問題。

「我就住在剛才那條船上啊！它現在正一路駛向密德威曲呢！」他笑容可掬慢條斯理地回答，令我為之一怔。

說著說著，我連船影都看不到了，他還禮數周到地從容向我道別，一點也不急。然後半跑半走地去追那艘已開離許久的船，實在瘋狂又可愛極了。他才趕了一段路之後，竟然還停下來回頭看我，然後好像怕我為他擔心一樣，又用雙手在嘴邊拱出一個喇叭口，對我放聲大喊：

「船走得很慢的……沒關係！……再見……保重哦……」

他走了！我腦海中的「水閘」似乎也被他重重的開啟了，這樣的啟發真的需要高度技巧。尤其他最後隨口補送上的這幾句溫馨的窩心話語，更把我胸中原本壁壘分明塞阻的縱橫水道全都疏濬通暢了……

平常我們是這般忙碌，自己要求也被要求必須處處講求時間、速度、效率、功能和收益，卻忘了體驗另一種沒有時間、速度、效率、功能和收益的生活情趣。要不是這段相會的機緣，我永遠只懂得斤斤計較每個閘門要花二十多分鐘才能通過，如果總共有兩百個閘門，一趟就須多費時四千多分鐘，也就是七十多個小時……竟然忘了，我們也相對「幸運」多擁有了七十多個小時欣賞夏日風情、感受生命、品味生活的絕佳機會。

英倫夏季的萬種風情

河畔花草一直都見證著這一幕的發生，它們最清楚不過了。在我住到英國以前，簡直全然缺乏此種雅興逸趣，即使歷經英倫秋、冬、春三個季節，不斷默默提醒暗示與教導，我也開始懂得去「停、看、聽」大自然萬物變化的心聲，並進行多次與深層心靈的對話……然而，走到這老運河畔，我依然對小船提出方才的質疑。還好今天這位陌生人的答案幫助了我，終於在這小小的運河邊，我又浴火重生了一次。其實，在我們努力規劃投入的各種人生競爭戰場之外，這個地球永遠為我們保留了一片清新的淨土，它們只跟平日刻板的生活相隔著一道思想觀念的「閘門」而已，永遠都存在，開關就在我們自己手上。

誰說不是呢？當我走回苔忒麗宿舍附近，連鄰家的老狗都比我更懂得這個道理——牠躺到門口正享受夏日陽光。老狗和我隔街對望，我這才仔細看清楚牠只有一隻眼睛，向我迎面而來的蹣跚步伐，也顯出牠的老態龍鍾，頗有些拘謹嚴肅的遲緩。不一會兒牠濕潤的鼻子聞到我的跟前，圍著我直搖尾巴，牠並沒什麼特別的目的，只是在與天地萬物共同迎接夏日的陽光之餘，單純地過來與我分享牠那仍像年少時……一樣活潑奔放的熱情，就是這麼簡單。剎那間，牠身上金黃色的狗毛，變成另一團夏季金黃色的陽光，好像突然在我身邊出現了「兩個太陽」一樣，上上下下都親切映照著我，溫馨暖意籠罩心頭久久不去。

夏日的英倫心情就是一種處處都有「兩個太陽」的溫暖——就像天上的太陽照著我的臉，剛才在河邊、眼前在街上，又出現另外一個太陽照亮我的心，不論是英倫的人、英倫的狗或夏天的花、樹、萬物，都帶給我無所不在的充實喜悅。

踏上苔忒麗樓宇前的草坡，強烈的陽光已經曬在大地上，讓我看得更加清楚，不覺怦然心動——滿地鋪著的全是鑲繡雪白鵝黃的小雛菊與蒲公英、爬滿牆的是鏤刻濃蔭稠綠的長春藤、屋角盛開的更是碩大艷紅的薔薇、飽滿粉紫的繡球，還有風信子、罌粟、芍藥、牡丹……我來不及一一點閱它們在英倫夏季裡姿形各異的萬種風情，隨興躺在溫暖鬆軟的新草地上，大地那種強勁滲透的生命力，好像有千萬隻手一般，正搔動撓弄著我的背、我的心。我是這麼開心，因為陪著它們也陪著自己，度過了英國秋冬春漫長孤寂的等待，此刻終於可以閉上眼睛，靜靜感受它們在夏天夢幻的噤嘘裡，不時傳來那一陣陣、一波波輕狂縱情的偷笑。

草坡上除了我，只有四名打著赤膊的男孩在踢足球，裡面當然有「麥克雞塊」，反正他不會錯過任何可以暴露的機會。倒是「紫妹皮」不見蹤影，聽說大家都趁暑假開始急忙「逃離」英倫，去歐洲那些像希臘、義大利、西班牙、迦納利之類，比這裡有更多陽光的地方。難怪宿舍上上下下人數加總起來少得可憐，連我同層的「七仙女」都跑光了，昨天的晚餐更是悽涼。舍監指示我們自己到廚房端盤、選菜、拿甜點，所有人坐起來居然湊不滿三桌，對比起窗外的鳥鳴花開倍顯寂寥。抬頭只見舍監夫婦仍被拱在高台上端莊用餐，真像是一對被罷黜流放的王公伯爵，依然堅持傳統用「噹噹噹」三聲敲鑼開動。

在夏季的英倫，人心輕挑而浮動，也許大家的心早就跟著陽光和花草飛到了野外。且看從住宅區到空蕩蕩的學生宿舍，都在窗口掛滿代表英格蘭的旗幟，那是一面白底畫著細長交叉到四邊的紅十字圖案。可別以為救人濟世的「紅十字會」圖案變長變瘦了，原來英格蘭旗幟的大紅十字，加上蘇格蘭旗幟的大藍叉叉，才變成今天大英帝國的「米」字圖形國旗哦！

這片旗海景觀還真是少見，直到走進一旁的「老地方」小酒館，我才恍然大悟：原來現在夏季正值歐洲杯足球賽（Europe Cup）熱潮，英國隊才剛比完法國，明天又要對上南歐巴爾幹（Balkan）的克羅埃西亞（Croatia），因此英國民眾紛紛掛旗加油；至於那些流竄的足球迷，則可能早已瘋狂地跑去現場觀賽了。莫怪同學們都在苔特麗的草坡上猛踢足球，原來是在應景玩著他們充滿快樂自信的遊戲。酒館特別在門口的小黑板用粉筆寫著：「裡面提供大螢幕電視與廉價啤酒。」歡迎大家一起來「老地方」又喝酒、又看足球賽歡呼加油。真是稱心快意的英國當代文化呀！

英倫夏天的白晝甚長，到了晚上十點，我吃飽飯都在打瞌睡了，還沒有完全天黑。夜裡萬物還在快樂的偷笑吧！我明天就要離去，下學年也要搬走了，那麼今晚就讓我再去草坡上走走，算是我對於這個住了一整年的英倫宿舍，進行一次最後的巡禮。

星夜當空，夏季的英倫夜色竟是暗紅色的，難道夏天的生命之火反照到連天空都不會完全墨去了嗎？太美了！我幾乎可以清楚細數出天際的每一顆星辰。既然同學都走了，那麼今晚我就看不到那個為骷髏換裝打扮的女同學，也不會被突然的閃光燈給嚇到。倒是發現太陽下山後的夏夜意外寒冷，早晚溫差實在很大，我必須穿上厚夾克才行。面對今晚異鄉的星夜原本是不該感傷的，因為明天我就要趁暑假回到自己夢中的故鄉；可是為什麼我對著這個即將暫別的「異鄉」卻又有一種說不出來……像「故鄉」的感傷呢？是不是人對任何一個自己曾頻繁活動過的地方，都會不由自主在心底灼燒出一張熾烈的火網？當未來此生的歲月裡，只要一不小心踩到如蜘蛛網上的任何一條線、任何一個點，就會立刻把點點滴滴的記憶，清晰晰地爆裂黏貼在胸口，那麼的蠢蠢欲動、隱隱作痛。在爆裂明亮又黏貼糾纏的火光中，我們會重新溫存曾有的歡樂，好像也可以重新改寫所有的悲傷。偏偏火網只會瞬間閃亮，隨後又急速漆黑黯淡而去，空留下我們變成迷途的孩子紛亂不知所措、充滿迷惑，最後僅剩下那個「偷笑的夏夜」環繞在耳際。

我知道這時英倫夏天星夜的火，已經燒到了心頭的草坡，席捲著我經過秋、冬、春至夏的異鄉情懷。它的確將是一張星羅棋布的天羅地網，我將在以後每一個故鄉與異鄉的角落，永遠感念這個教導我快樂自信、尊重包容，也教導我感受繁花自然更迭、體會四季晨昏對話的地方。

後記 每封信的生活點滴都是愛與夢的分享

這就是我寫給母親一千零一封信裡面的十三封信、十三個旅行世界的真實歷程，也是在我三十年全球孤獨行腳生活體驗裡，特別在不同年的每一個月份和秋冬春夏，以及全世界五大洲到南北極的每一個地方，都各說了一個故事。

故事的時間橫跨我六十年的生命，特別是近三十年來自助旅行、田野調查和留學遊歷的種種感受與見聞。故事地點涵蓋全世界，有一大河流、一大冰川、三大沙漠、三大雨林部落、南北極地的人和動物，以及我從媽媽病床邊展開旅行的一個又一個城市村鎮。現在走了一大圈又回到原點：台北。我發現重溫每一封信裡的每一段時空旅行故事，不論偉大還是渺小，其實都無分軒輊。

真的不必在乎行腳是不是一定要到很遙遠的地方，或要完成多麼艱難的旅程；重點應該是最後一定要能有所啟發感悟。我們當下任何時候的身邊、任何近在咫尺的角落，都可能藏

▲這個星球將永遠記得我所有來自世界每個角落裡的愛與夢想。

▲每一封信都是一個故事，分享我在全世界感動到的愛與夢想，寫給逝後三十六年的媽媽。

著有「愛」和「夢」，等待我們去挖掘、去體會；這是一種「無處不桃源」且「落花水面皆文章」的感動，隨時、隨地、隨緣均可隨意、隨喜、隨筆記錄下來，寫成一封封給媽媽的信。所以我的旅行就像是我的修行，因為帶著媽媽去旅行就像是帶著自己最愛的人去看世界，再累再苦也不嫌煩。

親愛的媽媽，感謝您縱橫了我的一生，讓我從來也不缺乏一個傾訴說話聊天的對象。我真的是全世界最幸福的孩子，沒有人能像我這麼幸運，能在童年因陪伴癱瘓的您開始得到這樣的恩寵：幫您更用心去看外面的世界、幫您更細心去品味生命的點滴，再用說的、用畫的、用唱的、更用寫的，變成一個又一個故事分享給您聽。即使現在您已經離世三十六年，連我都活到了您過世那年的歲數；我依然可以在接下來的十八年裡，每週繼續寫信給在天上的您，就跟您當年一樣，不在乎隔海思念未再謀面的女兒是否能讀到我幫您聽寫代筆的那一千零一封信。

親愛的媽媽，如同我現在書寫落筆的這一刻，突然回憶起三十年前和蘭嶼朗島的達悟雅美人共同划兩艘十人大獨木舟，一起下海捕飛魚的往事。我又忍不住趕快說給您聽了。

其實在捕魚之前，我已經睡在蘭嶼朗島國宅的屋頂上三天了，青年帶我去求了長老好幾回，他才默許我的同行。事實上，他並未答應，只是叫我明早五點去海邊等。後來才知道，傳統習俗害怕惡靈破壞，所以捕魚前一天雅美族人絕不能說。至於漁團的出發就全靠族人的直覺與默契，一早男人們會自動到岸邊集合不發一語，隨後二十人自動分為兩組，爬上兩艘大獨木舟默默操槳出海。

坐在船尾的長老能叫出每一塊朗島附近海域的名字，更能憑經驗追逐飛魚群迴游的路徑。兩船會在盡頭處包夾置網垂下，指示青年依序魚貫躍入水中打水驅趕魚群，再潛下拉起魚網撈捕後，輪流把魚貨倒在兩艘獨木舟裡。豐收六次之後立刻打住，絕不竭澤而漁，大家這時可開始講話唱歌，歡欣鼓舞地划動雙槳繞過海中標記的雙峰石，這就一路把兩艘毫無機械動力的獨木舟划回到朗島的岸邊。緊接著村裡熱鬧非凡，所有村民齊聚一堂，我們在男人豐收歌的樂聲和婦女頭髮舞的擺盪中，清點均分漁獲給全村裡的每一個人，連我也分得四十二尾飛魚。直到現在，這些飛魚還冰在我台北家冰箱裡的冷凍庫珍藏著。

圓一個五樓小公寓裡的獨木舟夢

幾年後，經過一段又一段的長途旅行，回到台北之後，我當下決定傾所有積蓄把幾年前在花蓮秀林藝品店裡，看到的一艘古董級的蘭嶼大獨木舟買回來。實在不願讓這些已經快失傳的文物流落到外國收藏家之手；當然更重要的意義是，每當我再看到這艘木頭拼板的彩色雙人獨木舟，都會想起這一段目前已經在蘭嶼島上近乎失傳的古老傳統捕魚記憶。

為了圓這個夢，我聯絡到店家，約妥老闆在即將到來的週六午後，開個大卡車把獨木舟載上我在台北市區的住家。那幾天裡，我的臉上總是洋溢著快樂喜悅，不時閃動著美好期待的笑容；不過，隨後我們就為如何將這艘長達十一呎，約三百三十多公分的蘭嶼雙人獨木舟搬上公寓大廈五樓而傷透腦筋。畢竟，這種尺寸既塞不進電梯，也無法在樓梯間迴轉前進，唯一的方法只有用懸吊方式向上拉抬牽引。

聰明的老闆多懸了一根粗麻繩在船體內側，以便在獨木舟經過二樓和四樓窗外伸出的花台盆景時，能向外拉彈、迅速翻過超越。不料把獨木舟拚命地拉到四樓時，卻因為勾到防盜鐵窗邊框卡住了，就此上上下下、進退不得。幾經調整，我又大費周章卸下自己五樓整排窗子後才拉升到位、扛進室內，上面下面搬運的人全部都累到人仰船翻。

在台北擁擠的巷道裡搬運這樣一個龐然巨物，自然吸引不少路人駐足仰頭圍觀，尤其我

▲蘭嶼雅美達悟族的傳統海洋文化，為我勾勒了一個台北都會的夢。

▲就是為了搬運這艘放在我家裡的蘭嶼拼板獨木舟，讓我看到隱藏在每個都市人們心裡的夢想。

住的這一棟面對公園的大樓，看過去右邊是玻璃帷幕的金融大樓區，左邊則是種花晾衣的住宅生活區，同樣都是七層以上的樓宇，三角環繞。只見左斜面擁擠的公寓陽台上，冒出很多從未謀面的鄰居；右斜面則在辦公大樓的彩色落地玻璃後，站著一些週末下午加班的白領、粉領職員。他們都不約而同正用心注視著我的這一艘獨木舟。

剛開始有點不好意思，為了一艘大船搬運弄得如此勞師動眾，還引人側目。但不一會兒，我在使勁拉船驚險萬分之際，卻不經意瞥見來自樓上樓下、各層各面的都市人投注過來的特別眼神，竟難得的認真、敦厚而誠懇。他們共同盯著這一艘原本只會在蘭嶼東清灣和朗島村出現的獨木舟，心裡可能在想：好美的船。這個一成不變制式化的城市裡，怎麼會有一個人想要擁有這樣的夢，而且還要把它實現在自己五樓狹小的公寓裡？

或許擁有一艘船是都市人一個共同的夢，只是外在現實生活脅迫，讓大家一個接著一個都放棄了曾有類似的夢想。

我忍不住再多瞧了大獨木舟兩眼。這艘實際下過海，經由雅美達悟族人用木片、卡榫手工製作的拼板漁船，沒有一根鐵釘，兩頭尖翹像個大菱角元寶。船身則用鮮明色澤雕刻著白底紅黑線條的圖案，抽象的人形與海浪線條如此靈活生動。特別是船首和船尾兩端插著編織精細用以避邪的雞羽，一起交織在我五樓的窗台邊迎風搖擺，像極了大鵬鳥擺動的羽翼，揚升起每個都市人「逍遙遊」的美夢。遙想當年這艘獨木舟初次下水傳統祭典的熱鬧光景，恐怕不過也就如此吧！

看來，我彷彿無心插柳為不少都市人圓了一個奇幻的夢。

總算整理布置好獨木舟擺設的位置，房間已經被占了一大半。當床也好、當桌也罷，現在我把自己的蘭嶼夢終於實現在家裡最重要的位置了。

空中的獨木舟變成外星人的飛碟

既忙又累更餓了一天，到晚上才第一次下樓出去吃飯，電梯門到一樓剛打開，卻被大樓管理員老伯嚴肅地叫住。他猶豫了一下才慢條斯理地問我：

「你家是不是有一個外星人的飛碟？哦，我是說那種會飄在天上很大的一艘船……我問過六樓和七樓，他們家都說沒有。」

我索性照實招供，簡潔回答：

「是！」

緊接著開始一問一答：

「是今天下午吊在外面拉上去的嗎？」

「對。」

「哦。」

「啊！」

「哇！」

老管理員終於如釋重負吐了一口氣，嘀嘀咕咕用他濃重的河南口音說：「那小寶就被他媽給錯打了，我得趕快告訴王太太。」

我不明就裡，一頭霧水地追問原委，老伯才娓娓道來：

「你們下面四樓那個五歲的小寶啊！你……哦！可能你也沒見過。今天下午老是跑到廚房吵他媽媽，一直說什麼『外面有一艘大船在天上飛』。他媽媽，就是那個王太太啦……哦！你大概也搞不清是哪一個人。反正她就怪小寶騙人說謊，總是挑大人最忙的節骨眼搗蛋湊熱鬧。沒想到打了小寶兩次，他還是跑來說：『外面的大船還在窗外飛，甚至現在還降落在我們家窗外的花盆上了。』他媽媽當然不信，怎麼可能都市裡會有個飛碟跑到她家來？一定是小孩子科幻電影、網路遊戲，還是電視節目看太多了！怎麼辦呢？雙手沾著滿是洗碗的肥皂水，拗不過小寶只有勉強出來看看；想想小寶那麼認真，搞不好外星人真的來接引她去一個不要做家事的地方。結果發現眼前窗外什麼也沒有，不禁火冒三丈。於是王太太死命狠狠再揍了小寶一頓。哦！一直哭到現在呢！」

聽完，我又驚訝、又歉疚，但是想到那些巧合的時機過程，實在忍不住大笑，笑到差點對著管理員噴他個滿臉口水。

強忍下，請他代我致歉後，開門走出去。用力關上了鐵門後，我已笑癱在大門上糊成一團。根本不管路人是不是又見到一件比「外星人大船在飛」更奇怪的事，隱約間好像還真的聽到小寶的哭聲。心中雖歉疚，但眼角還是笑出了淚光。這個故事超越了台北都會昏暗的公園與狹擠壓縮的大樓，還有那些快速穿梭於巷弄中的車燈與煩躁的喇叭聲。這些都是曾讓我驚恐、排拒想逃離台北的原因，現在卻因為笑，讓整個城市霎時變得如此可愛。

從今天下午人們專注的眼神，到小寶同樣專注投入的稟告母親、誤會被打、哭到現在，其實都證明我們還是活在一個有夢想也有感動的社會，一種生命最平凡真摯又鮮活的寫照。誰說這些柴米油鹽的生活瑣碎中，未曾展現出另一種海闊天空、寰宇一家的情懷呢！

這些愛與夢的分享，橫跨三十年的十二個月份和春夏秋冬四季，寫成世界的情書，把故事說給媽媽聽，也說給你聽。

每一趟旅行都是愛與夢的分享

眭澔平寫給媽媽的13封世界情書

作　　者　眭澔平
編　　輯　錢嘉琪、黃子瑜
校　　對　賴素玲、錢嘉琪
　　　　　眭澔平、黃子瑜
美術設計　林榆婷

發 行 人　程顯灝
總 編 輯　呂增娣
資深編輯　吳雅芳
編　　輯　藍匀廷、黃子瑜
　　　　　蔡玟俞
美術主編　劉錦堂
美術編輯　陳玟諭、林榆婷
行銷總監　呂增慧
資深行銷　吳孟蓉
發 行 部　侯莉莉
財 務 部　許麗娟、陳美齡
印　　務　許丁財
出 版 者　四塊玉文創有限公司

總 代 理　三友圖書有限公司
地　　址　106台北市安和路二段213號4樓
電　　話　（02）2377-4155
傳　　真　（02）2377-4355
E-mail　service@sanyau.com.tw
郵政劃撥　05844889 三友圖書有限公司

總 經 銷　大和書報圖書股份有限公司
地　　址　新北市新莊區五工五路2號
電　　話　（02）8990-2588
傳　　真　（02）2299-7900

製版印刷　卡樂彩色製版印刷有限公司

初　　版　2021年5月
定　　價　新台幣360元
ISBN　978-986-5510-71-8（平裝）

國家圖書館出版品預行編目(CIP)資料

每一趟旅行都是愛與夢的分享：眭澔平寫給媽媽的13封世界情書/眭澔平作. -- 初版. -- 臺北市：四塊玉文創有限公司, 2021.05

面；　公分

ISBN 978-986-5510-71-8(平裝)

1.旅遊 2.旅遊文學 3.世界地理

719　　110004408

地址：　　　縣/市　　　鄉/鎮/市/區　　　路/街

段　　巷　　弄　　號　　樓

廣　告　回　函
台北郵局登記證
台北廣字第2780 號

SANYAU

三友圖書有限公司 收

SANYAU PUBLISHING CO., LTD.

106　台北市安和路2段213號4樓

【黏貼處】對折後寄回，謝謝。

親愛的讀者：

感謝您購買《每一趟旅行都是愛與夢的分享：眭澔平寫給媽媽的13封世界情書》一書，為感謝您對本書的支持與愛護，只要填妥本回函，並寄回本社，即可成為三友圖書會員，將定期提供新書資訊及各種優惠給您。

姓名 ______________________ 出生年月日 ______________________
電話 ______________________ E-mail ______________________
通訊地址 ______________________
臉書帳號 ______________________
部落格名稱 ______________________

1 年齡
□18歲以下 □19歲～25歲 □26歲～35歲 □36歲～45歲 □46歲～55歲
□56歲～65歲 □66歲～75歲 □76歲～85歲 □86歲以上

2 職業
□軍公教 □工 □商 □自由業 □服務業 □農林漁牧業 □家管 □學生
□其他 ______________________

3 您從何處購得本書？
□博客來 □金石堂網書 □讀冊 □誠品網書 □其他 ______________________
□實體書店 ______________________

4 您從何處得知本書？
□博客來 □金石堂網書 □讀冊 □誠品網書 □其他 ______________________
□實體書店 ______________ □FB（四塊玉文創／橘子文化／食為天文創 三友圖書——微胖男女編輯社）
□好好刊（雙月刊） □朋友推薦 □廣播媒體

5 您購買本書的因素有哪些？（可複選）
□作者 □內容 □圖片 □版面編排 □其他 ______________________

6 您覺得本書的封面設計如何？
□非常滿意 □滿意 □普通 □很差 □其他 ______________________

7 非常感謝您購買此書，您還對哪些主題有興趣？（可複選）
□中西食譜 □點心烘焙 □飲品類 □旅遊 □養生保健 □瘦身美妝 □手作 □寵物
□商業理財 □心靈療癒 □小說 □繪本 □其他 ______________________

8 您每個月的購書預算為多少金額？
□1,000元以下 □1,001～2,000元 □2,001～3,000元 □3,001～4,000元
□4,001～5,000元 □5,001元以上

9 若出版的書籍搭配贈品活動，您比較喜歡哪一類型的贈品？（可選2種）
□食品調味類 □鍋具類 □家電用品類 □書籍類 □生活用品類 □DIY手作類
□交通票券類 □展演活動票券類 □其他 ______________________

10 您認為本書尚需改進之處？以及對我們的意見？

____

感謝您的填寫，

您寶貴的建議是我們進步的動力！

【黏貼處】對折後寄回，謝謝。